Lettres citoyennes

Sophonie Jed KOBOUDE

Pour ma famille que j'aime de tout mon cœur,
Pour celle pour qui mon cœur vibre
incessamment.

INTRODUCTION

Il est une sensation singulière, presque indéfinissable, qui saisit quiconque contemple l'histoire humaine : une tension constante entre la grandeur des idées et la petitesse des actes qui les façonnent. Des civilisations entières se sont élevées, portées par des visions qui, un jour, sont tombées en ruines, car les hommes avaient oublié qu'il ne suffit pas de bâtir des institutions pour garantir un futur, il faut aussi éduquer les âmes et nourrir les cœurs, c'est-à-dire façonner des citoyens.

Être citoyen, c'est plus qu'être un spectateur du monde qui nous entoure. C'est se savoir acteur d'un récit collectif, porteur d'une responsabilité qui dépasse le cadre de notre propre vie et s'étend à ceux qui nous suivront, à cet avenir que nous préparons de nos mains, de nos choix, et parfois même de nos silences.

Dans notre époque, où l'urgence des défis semble rivaliser avec la confusion des solutions, la citoyenneté proactive n'a jamais été autant une nécessité. Pourtant, elle est souvent négligée, dissoute dans l'illusion que l'action véritable ne peut venir que des autres : des gouvernants, des experts, des figures lointaines. Cette passivité, parfois confortable, parfois résignée, masque une vérité essentielle : chaque décision, si modeste soit-elle, a des répercussions qui dépassent notre compréhension immédiate. Chaque acte conscient est une pierre posée dans l'édifice collectif.

Ce livre, que je vous propose de parcourir, est né d'une double conviction. La première est que comprendre est un acte de libération. Là où l'ignorance enchaîne, là où le chaos des idées et des faits paralyse, la connaissance libère. Comprendre les mécanismes économiques, les subtilités des sophismes qui déforment nos perceptions, les rouages d'une société complexe, c'est s'outiller pour agir avec discernement. La seconde conviction est que l'action, lorsqu'elle est éclairée par une vision claire et enracinée dans des principes solides, est une force irrésistible. Ce n'est qu'en conjuguant ces deux dimensions, la réflexion et l'action, que l'on peut espérer bâtir un avenir véritablement durable et équitable.

Les *Lettres citoyennes* ne sont pas des commandements gravés dans la pierre, mais des réflexions, des invitations, presque des confidences faites à voix basse à une génération en quête de repères. Elles s'adressent à ce citoyen que nous sommes tous, ce passant souvent distrait, parfois indifférent, mais toujours concerné par le monde qu'il habite. À travers ces pages, je ne prétends pas imposer des vérités, mais plutôt ouvrir un dialogue, poser des jalons, éveiller des questions.

Dans la première lettre, nous plongerons ensemble dans le cœur de l'économie, non pas celui des manuels universitaires ou des abstractions théoriques, mais celui qui naît des actions humaines, des choix quotidiens, des aspirations et des compromis. Il peut sembler étonnant de commencer un livre sur la citoyenneté par l'explication des mécanismes économiques et non par un aperçu du fonctionnement de la politique. Je crois fondamentalement que la politique ne peut être comprise indépendamment des forces économiques qui la sous-tendent. Les choix politiques, les institutions, et même les idéologies sont le produit ou le reflet des luttes économiques qui traversent une société. Cela ne signifie pas que la politique est purement mécanique ou passive, mais qu'elle est profondément enracinée dans les réalités économiques. Lénine a raison de dire que « la politique est un concentré de l'économie ».

Dans la deuxième lettre, nous démasquerons les sophismes, ces faux-semblants qui, sous des airs de logique, détournent notre jugement et manipulent nos perceptions. Chaque époque a ses illusions, ses idoles et ses erreurs, déguisées en vérités. Aujourd'hui, malgré nos avancées technologiques, l'homme moderne est souvent captif des sophismes – ces arguments fallacieux qui trompent par leur apparente simplicité. L'économie, ce langage des échanges et des choix, en est particulièrement victime. Combien de fois entendons-nous des contre-vérités proclamées avec assurance : que la dépense publique est la source de la richesse ou que l'épargne freine la croissance ? Combien de politiques sont applaudies pour leurs effets immédiats, sans que leurs conséquences profondes soient examinées ? Cette lettre ne cherche pas seulement à dénoncer ces erreurs, mais à offrir une clé de lecture pour les déconstruire. Comme Montesquieu dans ses *Lettres persanes* (Montesquieu, 1721), je souhaite observer notre monde avec une curiosité critique et une douce ironie, pour aider le citoyen à *voir ce qui ne se voit pas*.

La troisième lettre, elle, est une invitation à passer de la compréhension à l'engagement. Comprendre n'est qu'une étape. L'acte véritable commence avec l'action. Trop longtemps, le citoyen a été réduit à un rôle passif, celui d'un spectateur de l'État ou d'un consommateur des décisions des dirigeants. Mais, l'histoire ne se fait pas sans lui. Ce n'est ni l'État, ni le marché, ni une quelconque entité abstraite qui écrit le futur : ce sont les volontés individuelles, lorsqu'elles s'unissent, qui tracent le chemin. Cette lettre est donc un appel à réveiller cette citoyenneté trop souvent oubliée. Comme Magellan s'élançant vers des horizons inconnus, chaque citoyen doit devenir un explorateur, non pas de territoires géographiques, mais de possibles humains, sociaux et économiques. Où voulons-nous aller en tant que société ? Quelles valeurs souhaitons-nous transmettre aux générations futures ? Ce livre, loin de proposer des réponses définitives, aspire à poser ces grandes questions et à inciter chacun à y réfléchir par lui-même.

Enfin, dans la quatrième lettre, nous explorerons ensemble une vision d'avenir, où la justice, le durable et le collectif ne sont plus des idéaux lointains, mais les fondements concrets d'une société désirable. Une société harmonieuse repose sur un équilibre subtil entre deux forces : la liberté et la responsabilité. L'une sans l'autre est un piège. Une liberté qui ignore ses devoirs devient égoïsme destructeur ; une responsabilité imposée sans liberté se mue en servitude. Cette lettre explore ce fragile équilibre, en montrant comment la liberté, lorsqu'elle est encadrée par une éthique et une vision collective, devient un levier puissant pour la prospérité, mais aussi pour l'épanouissement.

En écrivant ces pages, je me suis souvent interrogé : qu'est-ce qui, dans notre époque, empêche tant d'individus de s'engager pleinement dans ce rôle de citoyen actif ? Est-ce l'illusion d'impuissance, alimentée par la complexité apparente des problèmes ? Est-ce la peur de l'échec, ou l'indifférence née d'une désillusion trop habituellement cultivée ? Peut-être est-ce un mélange de tout cela. Mais, je crois fermement que ces obstacles ne sont pas insurmontables. Il suffit parfois d'un regard nouveau, d'une compréhension élargie, pour que l'étincelle se rallume. Ce livre, je l'ai conçu comme une œuvre de foi. Foi en la puissance des idées, qui, lorsqu'elles sont partagées et discutées, peuvent transformer des sociétés entières. Foi en la capacité de chaque individu à devenir un acteur du changement, pour peu qu'on lui donne les outils nécessaires. Foi, enfin, en l'avenir, car il n'est rien, je le crois profondément, que nous ne puissions construire ensemble si nous en faisons le choix.

Ces lettres ne sont pas des réponses définitives, mais des invitations à poser des questions essentielles. Elles ne prétendent pas résoudre tous les dilemmes, mais elles cherchent à tracer des chemins, à ouvrir des portes, là où les murs semblent infranchissables. À travers elles, je vous invite à réfléchir, à rêver, mais surtout à agir. Lecteur, ne prenez pas ce livre comme une simple lecture. Prenez-le comme une conversation entre vous et moi, entre vous et vous-même, et peut-être entre vous et ce monde que nous partageons. Que ces pages soient une boussole dans les tumultes de notre temps, une lumière dans l'obscurité des sophismes et des incertitudes, une source d'espoir et d'inspiration.

Lettres citoyennes

xvi

Lettre 1 : Comprendre l'économie

18

Permettez-moi de vous emmener dans un voyage fascinant au cœur de l'économie. Non pas l'économie telle qu'on nous la présente souvent - une machine froide et impersonnelle que l'on pourrait régler à volonté - mais l'économie telle qu'elle est véritablement : un organisme vivant, vertigineux et complexe, né de l'action humaine. Comme l'a si justement dit Ludwig von Mises, « *L'économie... traite de l'action réelle de vrais hommes. Ses théorèmes ne se réfèrent ni à des hommes idéaux ni à des hommes parfaits, ni au fantôme mythologique de l'« homme économique », ni à la notion statistique de l'homme moyen... L'économie traite des actions des hommes tels qu'ils sont réellement.* » (Mises, 1949)

L'action humaine : le fondement de toute économie

Pour comprendre véritablement l'économie, il est crucial de revenir à ses racines les plus fondamentales : l'action humaine. Chaque individu, chaque jour, prend une multitude de décisions qui, prises collectivement, façonnent l'économie globale. Ces choix, qu'ils soient apparemment insignifiants comme celui de choisir entre un café et un thé le matin, ou plus conséquents comme décider de quitter un emploi pour en chercher un autre, sont au cœur de l'activité économique.

Pourquoi les êtres humains agissent-ils ? Cette question est au centre de la réflexion économique. Comme le souligne Per Bylund dans *How to Think about the Economy*, l'action humaine est toujours motivée par une forme d'insatisfaction (Bylund, 2022). Les individus agissent parce qu'ils perçoivent un écart entre leur situation actuelle et un état qu'ils jugent préférable. Ce concept, qui peut sembler abstrait, est en réalité la clé, le point de départ pour comprendre des phénomènes économiques complexes. Prenons un exemple simple : vous êtes assis chez vous un samedi matin et vous ressentez une sensation de faim. Vous avez le choix entre préparer un repas chez vous ou sortir pour acheter quelque chose à emporter. Votre décision sera influencée par divers facteurs : le coût, la commodité, le goût, et même votre humeur. En fin de compte, votre choix résultera de l'option qui, selon vous, réduira le plus efficacement votre insatisfaction – en l'occurrence, votre faim. Ce processus de décision est la base de ce que les économistes appellent l'analyse coût-bénéfice. Chaque action économique implique de peser les coûts (qu'ils soient financiers, temporels ou même émotionnels) contre les bénéfices attendus. Ce qui est important à noter, c'est que ces coûts et bénéfices sont subjectifs et varient d'un individu à l'autre. Ce qui pourrait être un coût insupportable pour une personne pourrait être négligeable pour une autre. De même, ce qui est perçu comme un bénéfice significatif pour l'un peut être considéré comme mineur pour quelqu'un d'autre.

L'économie, dans son essence la plus pure, est donc le résultat de millions, voire de milliards, de ces petites décisions individuelles. Lorsque ces décisions sont prises librement, sans coercition extérieure, elles mènent souvent à des innovations, à des échanges bénéfiques et à un progrès général. En effet, chaque fois que nous décidons d'agir pour améliorer notre situation, nous contribuons, de manière *microéconomique*, au progrès économique général.

Par exemple, considérons l'innovation dans la technologie. Un entrepreneur voit un problème ou une inefficacité dans le monde actuel — disons, la lenteur des communications à longue distance. Motivé par l'insatisfaction face à cette situation, il décide de développer une nouvelle technologie, comme l'invention de la fibre optique ou l'amélioration des réseaux sans fil. Le résultat est un progrès non seulement pour cet entrepreneur, qui peut tirer profit de son invention, mais aussi pour des millions d'autres personnes qui bénéficient d'une communication plus rapide et plus efficace. Cet aspect de l'économie est souvent mal compris ou négligé par les bureaucrates ou les décideurs politiques. Nombreux sont ceux qui voient l'économie comme une machine pouvant être manipulée par des leviers — taux d'intérêt, dépenses publiques, fiscalité — pour atteindre des résultats spécifiques, tels que la croissance ou l'emploi. Quelques fois, ils atteignent leurs objectifs. Mais, cette perspective mécaniste ignore la réalité fondamentale que l'économie est une émergence complexe des actions humaines individuelles. Essayer de "stimuler" l'économie par des interventions directes sans tenir compte des motivations et des choix des individus peut conduire à des résultats contraires à ceux escomptés. Prenons l'exemple des politiques de relance économique fréquemment mises en place par les gouvernements pour stimuler la croissance. L'idée sous-jacente est que l'injection d'argent dans l'économie — par le biais de dépenses publiques ou des politiques monétaires expansionnistes — encouragera les individus à dépenser davantage, ce qui stimulera la production et l'emploi. Cependant, cette approche peut ignorer le comportement réel des individus. Supposons qu'une récession se produise, et que le gouvernement décide de stimuler l'économie en réduisant les taux d'intérêt pour encourager les prêts et les dépenses. Cette politique présuppose que les individus réagiront de manière prévisible en empruntant et en dépensant plus. Cependant, si les gens sont préoccupés par l'avenir économique incertain, ils pourraient décider d'épargner l'argent supplémentaire plutôt que de le dépenser. Dans ce cas, la relance pourrait échouer à atteindre ses objectifs. De même, les subventions aux industries spécifiques, conçues pour stimuler l'emploi dans certains secteurs, peuvent conduire à des distorsions économiques. Par exemple, des subventions massives à l'industrie automobile peuvent encourager une production excédentaire de voitures, même si la demande réelle des consommateurs ne justifie pas cette production. Cela peut entraîner une inefficacité économique, où des ressources qui auraient pu être utilisées plus efficacement ailleurs sont gaspillées dans des secteurs subventionnés artificiellement. Un autre exemple frappant est celui des contrôles des prix. Dans de nombreuses économies, les gouvernements fixent des prix maximaux ou minimaux pour certains biens essentiels, comme le logement ou les denrées alimentaires. Bien que ces politiques soient souvent bien intentionnées, visant à rendre les produits essentiels accessibles à tous, elles peuvent souvent entraîner des conséquences inattendues. Par exemple, les plafonds de loyer, censés rendre les logements plus abordables, peuvent en fait réduire l'offre de logements disponibles. Les propriétaires, confrontés à des loyers plafonnés, peuvent être moins enclins à entretenir ou à construire de nouveaux logements, ce qui conduit à une pénurie de logements et, paradoxalement, à des conditions de logement plus précaires pour les locataires. Nous reviendrons plus loin sur les effets inattendus de certaines politiques économiques.

Un autre aspect essentiel de l'action humaine dans l'économie est son rôle dans le fonctionnement des marchés libres. Dans un marché libre, les individus échangent volontairement des biens et des services, chacun agissant pour maximiser sa satisfaction. Ce processus de marché est extraordinairement efficace pour allouer les ressources de manière optimale, car il repose sur l'information décentralisée contenue dans les choix et les préférences des individus. Un exemple classique est celui du marché des pommes. Supposons que, dans une région, une récolte exceptionnelle de pommes conduise à une surabondance. Le prix des pommes baissera naturellement en raison de l'offre excédentaire. À ce nouveau prix inférieur, plus de consommateurs seront incités à acheter des pommes, et certains producteurs pourraient décider de vendre leurs pommes à des marchés voisins où les prix sont plus élevés. Ce processus d'ajustement des prix conduit à une allocation efficace des pommes sans qu'aucun planificateur central n'ait besoin d'intervenir. Cependant, si le gouvernement intervenait pour fixer un prix plancher pour les pommes, dans le but de protéger les revenus des producteurs, cela pourrait entraîner une surproduction. Les producteurs, attirés par le prix plancher garanti, pourraient produire plus de pommes que ce que le marché peut absorber, entraînant des excédents qui, finalement, doivent être gaspillés ou stockés de manière inefficace.

L'innovation est un autre domaine où l'action humaine joue un rôle central dans l'économie. Les entrepreneurs, motivés par la perspective de profits, prennent des risques pour développer de nouveaux produits, services ou méthodes de production. Ces innovations sont souvent le moteur du progrès économique à long terme. L'industrie technologique est un exemple éloquent. Steve Jobs, l'un des cofondateurs d'Apple, a vu une opportunité d'améliorer la façon dont les gens interagissent avec la technologie. Sa vision d'un ordinateur personnel facile à utiliser et esthétiquement plaisant a conduit à la création du Macintosh, qui a révolutionné l'industrie informatique. Plus tard, avec l'iPhone, Jobs a de nouveau perturbé le marché en combinant un téléphone, un lecteur de musique, et un navigateur Internet en un seul appareil. Ces innovations n'étaient pas le résultat d'un plan gouvernemental ou d'une directive centrale, mais d'une série de décisions individuelles prises par Jobs et son équipe, motivées par l'ambition de créer quelque chose de nouveau et de meilleur. L'exemple de Steve Jobs illustre également comment l'innovation peut créer des marchés entièrement nouveaux. Avant l'iPhone, le marché des smartphones était relativement restreint et dominé par des appareils avec des claviers physiques et des interfaces complexes. L'iPhone a changé la donne en introduisant un écran tactile et une interface intuitive, ouvrant ainsi le marché des smartphones à un public beaucoup plus large. Aujourd'hui, des milliards de personnes dans le monde utilisent des smartphones, une technologie qui était presque inimaginable il y a quelques décennies.

Un aspect souvent sous-estimé de l'économie est la complexité inhérente de l'action humaine. Les modèles économiques, bien qu'utiles pour simplifier et comprendre certains aspects du comportement économique, sont généralement incapables de capturer la pleine complexité des motivations et des décisions humaines. Par exemple, les modèles économiques traditionnels supposent que les individus sont parfaitement rationnels et qu'ils agissent toujours pour maximiser leur utilité personnelle. Cependant, des recherches en économie comportementale ont montré que les humains prennent fréquemment des décisions irrationnelles ou influencées par des biais cognitifs, des émotions, ou des pressions sociales. Ces découvertes ont des implications importantes pour la politique économique, car elles suggèrent que les interventions basées sur des modèles simplifiés peuvent échouer si elles ne tiennent pas compte de la complexité réelle du comportement humain. Un exemple pertinent est celui de l'épargne pour la retraite. De nombreux gouvernements encouragent l'épargne en offrant des avantages fiscaux pour les comptes d'épargne-retraite. Pourtant, malgré ces incitations, beaucoup de gens n'épargnent pas suffisamment pour leur retraite. Cela s'explique en partie par des biais comportementaux tels que la procrastination ou la difficulté à planifier à long terme. Des politiques plus efficaces pourraient nécessiter des approches qui tiennent compte de ces biais, comme l'inscription automatique des travailleurs dans des plans d'épargne avec la possibilité de se désinscrire plutôt que de les obliger à s'inscrire activement.

L'action humaine est le fondement de l'économie. C'est un acte conscient, dirigé vers un but, qui implique une préférence subjective. Chaque individu, en fonction de ses valeurs, de ses connaissances et de ses circonstances, va hiérarchiser ses besoins et ses désirs, et agir en conséquence. La subjectivité des valeurs implique que ce qui est précieux pour une personne peut être sans importance pour une autre. La valeur d'un bien ou d'un service n'est pas intrinsèque, mais dépend de l'utilité qu'un individu en retire. La connaissance dispersée signifie que chaque individu possède une connaissance unique de son environnement et de ses propres besoins. Cette connaissance est dispersée et ne peut être centralisée. L'incertitude découle de ce que l'avenir est radicalement inconnu. Les individus agissent en fonction de leurs anticipations, mais ils ne peuvent pas connaître avec certitude les conséquences de leurs choix.

L'économie est, en fin de compte, une science de l'action humaine. Elle repose sur l'idée que chaque individu, dans sa quête pour améliorer sa situation, prend des décisions qui, cumulées, façonnent l'économie globale. Cette perspective met en lumière l'importance de respecter et de comprendre les motivations individuelles lorsque l'on élabore des politiques économiques. Ignorer la complexité et la diversité des actions humaines mène souvent à des interventions mal conçues qui peuvent faire plus de mal que de bien. Pour véritablement stimuler l'économie et favoriser le progrès, il est essentiel de créer un environnement dans lequel les individus sont libres d'agir, d'innover et de poursuivre leurs propres objectifs selon leurs propres critères de valeur.

Les échanges volontaires : la danse de la coopération humaine

L'économie est souvent perçue comme une science austère, régie par des chiffres et des formules complexes. Pourtant, en son cœur, elle est une manifestation profonde de la coopération humaine. Si l'action humaine individuelle est le moteur qui propulse l'économie, les échanges volontaires représentent la danse harmonieuse de la coopération des actions humaines. C'est par les échanges que les sociétés se développent, que les talents individuels s'épanouissent et que la prospérité collective émerge.

À la base de tout échange volontaire se trouve une vérité simple mais puissante : **chaque partie impliquée dans l'échange y voit un avantage**. Ce principe est fondamental et inébranlable. Lorsque deux individus ou entités choisissent d'échanger, que ce soit des biens, des services ou des idées, ils le font parce qu'ils estiment que cet échange leur apportera plus de satisfaction que s'ils ne l'avaient pas fait. Prenons un exemple de la vie quotidienne : imaginez que vous êtes un boulanger, et votre voisin est un cordonnier. Vous échangez une miche de pain contre une paire de chaussures. Pourquoi faites-vous cet échange ? Parce que, en tant que boulanger, vous avez besoin de chaussures, et votre voisin, le cordonnier, a besoin de pain. Chacun y trouve son compte : vous préférez avoir des chaussures plutôt que cette miche de pain, et votre voisin préfère avoir du pain plutôt que cette paire de chaussures. Ainsi, par cet échange simple, vous avez tous deux amélioré votre situation respective.

Cet exemple, bien que basique, illustre un principe économique central : l'échange crée de la valeur pour toutes les parties impliquées. Contrairement à une vision erronée du commerce, qui le dépeint comme un jeu à somme nulle où le gain de l'un est la perte de l'autre, les échanges volontaires sont mutuellement bénéfiques. Antoine de Montchrestien, représentant éloquent de l'école mercantiliste, a tort de dire à propos de l'échange que « l'on ne perd jamais que l'autre n'y gagne ». L'échange, pourvu qu'il soit libre, est un jeu à somme positive. Cette idée est magistralement résumée par Frédéric Bastiat, un économiste français du XIXe siècle, qui affirmait que « l'échange, c'est l'économie politique, c'est la société tout entière ; car il est impossible de concevoir la société sans échange, ni l'échange sans société. »

Pour bien comprendre la puissance des échanges volontaires, il est essentiel de reconnaître qu'ils ne se contentent pas de redistribuer la richesse existante. Au contraire, ces échanges jouent un rôle fondamental dans la création de valeur nouvelle. Ce phénomène est possible grâce à deux concepts économiques clés : la valorisation subjective des biens et services, et la spécialisation des individus dans les activités dans lesquelles ils sont les plus compétents.

L'un des principes primordiaux de l'économie, souvent ignoré dans les discussions populaires, est que la valeur d'un bien ou d'un service n'est pas une caractéristique intrinsèque, mais une évaluation subjective effectuée par chaque individu. Cela signifie que la valeur attribuée à un bien varie en fonction des préférences, des besoins, et des circonstances de chaque personne. C'est cette subjectivité qui permet aux échanges volontaires de créer de la valeur. Dans l'exemple précédent du boulanger et du cordonnier, la miche de pain a plus de valeur pour le cordonnier que pour le boulanger, et inversement pour les chaussures. Cet exemple illustre un point essentiel : un échange volontaire n'a lieu que lorsque chaque partie y trouve un bénéfice net, c'est-à-dire lorsque la valeur du bien reçu est perçue comme supérieure à celle du bien cédé. C'est précisément cette différence de valorisation subjective qui permet la création de valeur au sein des échanges. En d'autres termes, l'échange transforme une situation où les biens ont une utilité limitée pour leur propriétaire en une situation où ces biens ont une utilité plus grande pour leur nouveau propriétaire. Ainsi, la richesse n'est pas simplement déplacée d'un individu à un autre ; elle est augmentée par le fait même de l'échange.

La spécialisation est un autre concept crucial pour comprendre comment les échanges volontaires contribuent à la création de valeur. La spécialisation se produit lorsque les individus se concentrent sur les activités pour lesquelles ils ont un avantage comparatif, autrement dit celles qu'ils peuvent effectuer avec une efficacité relative supérieure par rapport à d'autres activités. Cette concentration permet aux individus de devenir plus compétents et plus productifs dans leur domaine d'expertise. Prenons à nouveau l'exemple du boulanger et du cordonnier. Supposons que le boulanger, plutôt que de passer du temps à fabriquer des chaussures, se consacre entièrement à la production de pain. De même, le cordonnier se concentre exclusivement sur la fabrication de chaussures plutôt que de tenter de produire du pain. En se spécialisant, chacun devient plus habile et plus efficace dans son domaine. Le boulanger peut produire plus de miches de pain en moins de temps, et le cordonnier peut fabriquer plus de paires de chaussures avec une qualité supérieure. Cette spécialisation entraîne une augmentation de la productivité globale. Le temps et les ressources économisés grâce à l'efficacité accrue peuvent être réinvestis dans la production de biens supplémentaires ou dans l'amélioration de la qualité des produits existants. En conséquence, la société dans son ensemble bénéficie de plus de biens et de services, souvent à des coûts inférieurs. Adam Smith, dans *La Richesse des Nations*, a magistralement illustré ce concept avec son exemple de la manufacture d'épingles (Smith,

1776). Dans une telle manufacture, si chaque ouvrier devait fabriquer une épingle du début à la fin, la production serait faible. Mais en divisant le travail – avec un ouvrier qui tire le fil, un autre qui le coupe, un troisième qui le taille, etc. – la production augmente de façon exponentielle. C'est cette même logique qui, appliquée à grande échelle dans une société grâce aux échanges, conduit à une augmentation massive de la productivité et du bien-être.

Un concept fondamental qui explique pourquoi le commerce n'est pas un jeu à somme nulle est celui des **avantages comparatifs**, introduit par l'économiste David Ricardo au début du XIXe siècle (Ricardo, 1817). Ce principe montre que même si un pays est plus productif dans la production de tous les biens par rapport à un autre, il est toujours avantageux pour les deux de se spécialiser dans les productions où ils ont un avantage relatif et de commercer entre eux. Prenons un exemple simple pour illustrer ce concept. Imaginons deux pays, le pays A et le pays B. Le pays A est plus productif que le pays B dans la production de vin et de textile. Toutefois, le pays A est relativement meilleur dans la production de vin, tandis que le pays B est relativement moins mauvais dans la production textile. Selon le principe des avantages comparatifs, le pays A devrait se spécialiser dans la production de vin et le pays B dans la production de textile. Ensuite, ils échangent ces produits. Même si le pays A est plus productif dans les deux secteurs, il gagne davantage en se concentrant sur ce qu'il fait le mieux. Le pays B, quant à lui, profite de la spécialisation dans le textile pour accéder à du vin à moindre coût. Ainsi, les deux pays bénéficient de l'échange. Cet exemple montre que le commerce fondé sur les avantages comparatifs permet d'augmenter l'efficacité économique globale et le bien-être des nations. C'est un principe fondamental qui fonde l'économie mondiale moderne et qui explique pourquoi le commerce est bénéfique même entre des pays aux niveaux de développement très différents.

Cependant, la spécialisation ne peut véritablement prospérer que dans un contexte où les échanges sont possibles et fluides. Sans la possibilité d'échanger, la spécialisation deviendrait un risque, car les individus seraient contraints de subvenir à tous leurs besoins eux-mêmes, réduisant ainsi leur capacité à se concentrer sur ce qu'ils font le mieux. Revenons à notre boulanger et à notre cordonnier. Si le boulanger ne pouvait pas échanger son pain contre des chaussures, il serait obligé de consacrer une partie de son temps et de ses ressources à fabriquer ses propres chaussures, même s'il n'est pas particulièrement doué pour cela. De même, le cordonnier devrait essayer de produire son propre pain, avec une efficacité probablement inférieure. Dans un tel scénario, la productivité des deux individus diminuerait, car chacun passerait moins de temps à faire ce pour quoi il est le plus compétent. Les échanges permettent donc aux individus de se spécialiser sans avoir à se soucier de satisfaire directement tous leurs besoins personnels. Ils peuvent se concentrer sur la production de ce qu'ils font le mieux, sachant qu'ils pourront échanger leurs produits contre d'autres biens et services dont ils ont besoin. Ainsi, les échanges ne sont pas seulement un moyen de transférer des biens ; ils sont le mécanisme qui sous-tend et permet la spécialisation, laquelle est à son tour une source majeure de création de richesse.

Aujourd'hui, la mondialisation est un exemple moderne de la manière dont les échanges volontaires continuent de créer de la valeur à une échelle sans précédent. Grâce à l'ouverture des marchés et aux avancées technologiques dans les transports et les communications, les biens et les services peuvent être échangés à travers le globe avec une facilité jamais vue auparavant. Cette dynamique mondiale repose sur les mêmes principes que ceux décrits plus haut. Les entreprises se spécialisent dans les secteurs où elles sont les plus compétentes, souvent en raison de conditions géographiques ou d'avantages comparatifs en matière de coûts de production, puis échangent leurs produits sur les marchés internationaux. La chaîne d'approvisionnement mondiale, où des composants de produits complexes comme les smartphones sont fabriqués dans plusieurs pays différents avant d'être assemblés et vendus, est une manifestation moderne de la spécialisation et de l'échange à l'échelle mondiale. Cette interconnectivité permet non seulement une production plus efficace, mais elle offre également aux consommateurs un accès à une plus grande diversité de produits à des prix plus compétitifs.

Les échanges volontaires, continuellement perçus comme de simples transactions économiques où des biens ou des services sont échangés contre de l'argent ou d'autres biens, jouent en réalité un rôle bien plus profond dans la structuration de nos sociétés. Ils sont le ciment qui lie les individus au sein d'une communauté, leur permettant de coopérer, de partager leurs aspirations et de vivre en harmonie. Ces échanges transcendent la simple dimension économique pour devenir un vecteur essentiel de communication et de compréhension mutuelle entre les individus et les nations. À travers eux, nous apprenons non seulement à répondre aux besoins des autres, mais aussi à exprimer nos propres valeurs et à tisser des liens sociaux solides qui favorisent la paix, la coopération et le développement économique à l'échelle mondiale.

Les échanges volontaires sont plus qu'une interaction commerciale ; ils constituent un moyen de communication entre les individus. Lorsqu'une personne choisit d'acheter un produit ou un service, elle exprime ses préférences et ses valeurs. Par exemple, un consommateur qui achète des produits biologiques ou issus du commerce équitable fait un choix qui reflète ses préoccupations pour l'environnement et les conditions de travail des producteurs. Ce type d'achat communique une demande pour des pratiques commerciales éthiques et responsables, et encourage les entreprises à adopter des pratiques similaires pour répondre à cette demande. De la même manière, lorsqu'une entreprise décide de s'approvisionner en matières premières auprès de fournisseurs qui respectent des normes sociales et environnementales élevées, elle envoie un message clair sur les valeurs qu'elle défend. Ces choix d'échanges, qu'ils soient individuels ou collectifs, sont des moyens par lesquels les membres d'une société expriment leurs aspirations et influencent les pratiques des autres acteurs économiques. Ainsi, les échanges ne se contentent pas de répondre aux besoins matériels ; ils véhiculent également des messages sur ce qui est important pour les individus et les communautés.

Au-delà de leur rôle en tant que moyen de communication, les échanges volontaires sont également fondamentaux pour la coopération sociale. À travers les échanges, les individus apprennent à travailler ensemble pour atteindre des objectifs communs, même s'ils poursuivent des intérêts personnels. Cette coopération est essentielle pour le développement de toute société, car elle permet de surmonter les différences individuelles et de trouver des solutions mutuellement bénéfiques.

Prenons l'exemple du marché du travail. Lorsque les individus offrent leurs compétences et leur temps en échange d'un salaire, ils participent à un réseau complexe de coopération où chacun joue un rôle spécifique. Les employeurs, en cherchant à maximiser la productivité de leur entreprise, offrent des emplois à ceux qui possèdent les compétences nécessaires. Les employés, de leur côté, cherchent à maximiser leur bien-être en choisissant des emplois qui répondent à leurs besoins économiques et personnels. Ce processus d'échange crée un système dans lequel les compétences et les ressources sont allouées de manière efficace, favorisant la croissance économique et le développement social.

L'échange volontaire n'est pas limité à des transactions marchandes ; il englobe également des formes plus subtiles de coopération, telles que le bénévolat, les services communautaires et les interactions sociales quotidiennes. Dans chaque cas, les individus coopèrent volontairement pour améliorer leur propre situation tout en contribuant au bien-être général de la communauté. Cette coopération volontaire est la base d'une société harmonieuse, où les besoins de chacun peuvent être satisfaits sans recours à la coercition.

Cependant, malgré les avantages évidents des échanges volontaires, le commerce est souvent mal compris et mal interprété. Une des fausses idées les plus répandues est celle du « jeu à somme nulle », où l'on suppose que pour qu'une personne gagne, une autre doit forcément perdre. Cette vision est profondément erronée et ignore la nature créative du commerce. Comme nous l'avons vu, dans un échange volontaire, les deux parties gagnent, car chacune reçoit quelque chose qu'elle valorise plus que ce qu'elle donne. Un exemple frappant de cette mauvaise interprétation est la rhétorique protectionniste qui émerge habituellement en temps de crise économique. Lors de la Grande Dépression, par exemple, de nombreux pays ont adopté des politiques protectionnistes, comme les droits de douane élevés et les quotas d'importation, dans le but de protéger leurs industries nationales. Ces mesures étaient basées sur l'idée que restreindre les échanges avec l'extérieur préserverait les emplois et stimulerait l'économie locale. Cependant, ces politiques eurent souvent l'effet inverse. Elles ont réduit les possibilités d'exportation, aggravé la récession mondiale, et conduit à des représailles commerciales qui ont encore davantage affaibli l'économie mondiale. Les enseignements tirés de cette période ont conduit à une compréhension plus large de l'importance du libre-échange pour la prospérité mondiale.

Les effets multiplicateurs des échanges volontaires

Les échanges volontaires ne se limitent pas à la satisfaction immédiate des besoins des parties concernées ; ils ont également des effets multiplicateurs sur l'économie et la société dans son ensemble. Ces effets se manifestent à travers plusieurs mécanismes.

Premièrement, les échanges favorisent l'innovation. Lorsqu'un marché est ouvert et compétitif, les entreprises sont incitées à innover pour attirer des clients et se démarquer de la concurrence. Cette innovation peut prendre la forme de nouveaux produits, de méthodes de production améliorées, ou de modèles commerciaux plus efficaces. Par exemple, l'industrie technologique est un secteur où les échanges volontaires ont joué un rôle crucial dans la stimulation de l'innovation. Les entreprises du monde entier collaborent et échangent des idées, des composants, et des technologies pour créer des produits toujours plus avancés, comme les smartphones, les ordinateurs et les services en ligne.

Deuxièmement, les échanges volontaires favorisent la diffusion des connaissances et des compétences. Lorsque des personnes ou des entreprises de différentes régions ou cultures échangent, elles partagent également des informations, des technologies et des méthodes de travail. Ce transfert de connaissances peut conduire à une amélioration des compétences locales et à une plus grande productivité. Par exemple, les échanges entre des universités et des centres de recherche à travers le monde ont permis des avancées significatives dans des domaines tels que la médecine, les sciences de l'ingénieur, et les sciences sociales.

Troisièmement, les échanges volontaires contribuent à la diversification de l'économie. En engageant des échanges avec d'autres pays ou régions, une économie devient moins dépendante d'une seule industrie ou d'une seule ressource. Cette diversification réduit les risques économiques et permet une plus grande résilience face aux chocs économiques externes. Par exemple, les économies qui diversifient leurs exportations, en se concentrant non seulement sur les matières premières mais aussi sur les produits manufacturés et les services, tendent à être plus stables et à connaître une croissance plus soutenue.

Un autre aspect important des échanges volontaires est leur rôle dans la promotion de la paix. Le philosophe français Montesquieu affirmait que « le commerce guérit les préjugés destructeurs », car il favorise les relations pacifiques entre les nations en créant des intérêts communs (Montesquieu, 1748). Lorsque les nations sont économiquement interdépendantes, elles ont davantage à perdre en cas de conflit, ce qui les incite à résoudre leurs différends de manière pacifique.

L'histoire fournit de nombreux exemples de cette dynamique. Après la Seconde Guerre mondiale, la création de la Communauté européenne du charbon et de l'acier (CECA), qui fut un précurseur de l'Union européenne, avait pour but de lier les économies des pays européens de manière si étroite qu'une guerre entre eux deviendrait pratiquement impossible. En effet, en intégrant leurs économies à travers le commerce, les pays européens ont non seulement reconstruit leurs économies ravagées par la guerre, mais ont également assuré une période de paix durable sur le continent.

Plus récemment, l'essor du commerce mondial et l'intégration économique ont joué un rôle crucial dans la réduction des tensions entre les grandes puissances économiques. Par exemple, les relations commerciales entre les États-Unis et la Chine, bien qu'entachées de frictions, ont contribué à maintenir une certaine stabilité dans les relations internationales. L'interdépendance économique a modéré les antagonismes politiques, car une rupture complète des relations commerciales serait extrêmement coûteuse pour les deux parties.

Malgré les nombreux avantages des échanges volontaires, ceux-ci sont souvent menacés par des interventions gouvernementales ou des politiques protectionnistes. Ces interventions, bien qu'elles puissent être motivées par de bonnes intentions, comme la protection de l'emploi national ou la défense de certaines industries, peuvent avoir des conséquences néfastes. Par exemple, les droits de douane imposés sur les importations peuvent rendre les biens étrangers plus chers pour les consommateurs, réduisant ainsi leur pouvoir d'achat. De plus, les autres pays peuvent réagir en imposant leurs propres droits de douane sur les exportations, ce qui peut nuire aux industries nationales qui dépendent des marchés étrangers. Un exemple récent est la guerre commerciale entre les États-Unis et la Chine, qui a entraîné des hausses de tarifs douaniers des deux côtés, affectant négativement les agriculteurs américains et les entreprises chinoises.

En outre, les subventions gouvernementales à certaines industries peuvent créer des distorsions sur le marché. Par exemple, les subventions agricoles dans de nombreux pays développés ont conduit à une surproduction de certains produits, comme le sucre ou le lait, qui a déstabilisé les marchés mondiaux et nui aux agriculteurs des pays en développement. Ces interventions peuvent également décourager l'innovation, car les entreprises subventionnées n'ont pas besoin d'améliorer leur efficacité pour survivre.

Les prix : le langage de l'économie

L'économie est un vaste système d'échanges qui repose sur la division du travail. Dans ce contexte, la question qui se pose est : **comment coordonner les actions de millions d'individus, chacun avec ses propres préférences, ressources et contraintes** ? Cette coordination est d'autant plus complexe dans un monde en perpétuelle mutation, où la technologie, les goûts et les besoins changent rapidement. La réponse à cette question repose en grande partie sur les mécanismes de marché, et plus spécifiquement sur le système des prix. Les prix, en tant qu'indicateurs, jouent un rôle multifonctionnel ; ils informent à la fois les producteurs et les consommateurs des conditions actuelles du marché. Ils constituent une sorte de signal économique, un langage partagé qui facilite la prise de décision dans un environnement incertain et complexe. **Les prix sont le langage de l'économie.** Ils transmettent des informations cruciales sur la rareté relative des biens et des services, sur les désirs des consommateurs, sur les coûts de production. Quand le prix d'un bien augmente, c'est un signal pour les producteurs d'en produire davantage et pour les consommateurs d'en consommer moins ou de chercher des alternatives.

Au cœur du système économique se trouve la notion de rareté. Les ressources étant limitées et les désirs humains illimités, les prix émergent comme un moyen de réguler cette rareté. Lorsqu'un bien est rare, son prix a tendance à augmenter. Par exemple, si la production d'une culture de blé est affectée par une sécheresse, la rareté du blé entraînera une hausse des prix. Cette augmentation des prix fonctionne comme un signal important pour les différents acteurs économiques. D'une part, elle incite les producteurs à accroître leur production de blé, que ce soit en mettant en œuvre de nouvelles technologies, en investissant dans des méthodes d'irrigation, ou encore en utilisant des terres auparavant inexploitées. D'autre part, une hausse des prix dissuade les consommateurs d'acheter autant de blé, ce qui les pousse à rechercher des alternatives, telles que le riz ou le maïs. Prenons l'exemple des smartphones. Lorsque les consommateurs manifestent un intérêt croissant pour un nouveau modèle doté de caractéristiques innovantes, la demande augmente. En réponse, le prix de ce modèle peut augmenter. Ce signal encourage les fabricants à produire davantage de ce smartphone, potentiellement au détriment de modèles moins populaires. De cette manière, les prix orientent l'allocation des ressources de manière efficace, en fonction des désirs exprimés par les consommateurs : c'est la fameuse loi de l'offre et de la demande.

Les marchés sont des lieux d'interaction où les prix sont fixés, et ces prix résultent de l'offre et de la demande. Dans un marché parfaitement concurrentiel, le prix d'un bien est déterminé au point où la quantité que les producteurs sont disposés à offrir égale la quantité que les consommateurs sont prêts à acheter. Cependant, les marchés ne sont pas toujours parfaitement compétitifs. Des externalités, des monopoles, ou des régulations gouvernementales peuvent influencer la fixation des prix. Par exemple, dans le secteur de l'énergie, les subventions gouvernementales peuvent maintenir les prix artificiellement bas, ce qui peut fausser les signaux que les prix devraient normalement transmettre. De plus, les fluctuations du marché boursier montrent comment les attentes futures des investisseurs peuvent influencer les prix des actions. Une annonce de résultats d'entreprise décevants peut entraîner une chute rapide du prix des actions, car les investisseurs revoient leurs attentes concernant la rentabilité future. C'est une indication claire que les prix sont influencés non seulement par des facteurs actuels, mais aussi par la perception de ce qui pourrait advenir.

Les gouvernements jouent un rôle essentiel dans la formation des prix, façonnant ainsi l'économie en influençant directement le coût des biens et services consommés par la population. Grâce à des outils variés, tels que les politiques fiscales, les taux d'intérêt, et les contrôles des prix, ils peuvent orienter le comportement des consommateurs et des producteurs pour atteindre des objectifs économiques et sociaux spécifiques. Par exemple, une réduction de la TVA sur les produits de première nécessité peut diminuer leur prix final, rendant ces biens plus accessibles aux ménages à revenus modestes, et contribuant ainsi à réduire les inégalités sociales. Simultanément, en augmentant les taxes sur des produits nocifs, comme le tabac ou l'alcool, les gouvernements cherchent à décourager leur consommation, tout en générant des revenus supplémentaires pour financer des programmes de santé publique. Dans des contextes critiques tels que les guerres, les crises économiques ou les catastrophes naturelles, les gouvernements peuvent décider d'instaurer des contrôles stricts des prix. Ces mesures visent à protéger les consommateurs contre des hausses de prix jugées abusives. Par exemple, lors de la crise alimentaire liée à des événements climatiques exceptionnels, un gouvernement peut imposer un prix maximum pour des denrées alimentaires essentielles, comme le riz ou le pain. Dans de telles situations, ces interventions peuvent être essentielles pour maintenir la stabilité sociale et garantir l'accès à des biens fondamentaux pour la population, prévenant ainsi des conséquences dramatiques telles que les émeutes de la faim.

Cependant, la régulation des prix comporte des risques non négligeables. Les distorsions engendrées par un contrôle trop strict peuvent provoquer des déséquilibres sur le marché. En fixant le prix du pain en dessous de son coût de production, par exemple, un gouvernement peut temporairement soulager la pression sur les consommateurs. Néanmoins, cela peut entraîner une demande excessive qui ne correspond pas à l'offre disponible, conduisant inévitablement à des pénuries. Les producteurs, face à une rentabilité insatisfaisante, peuvent également réduire leur production ou quitter le marché, aggravant ainsi la situation à long terme. De plus, la mise en œuvre de contrôles de prix peut créer un marché noir, où les biens sont vendus à des prix bien plus élevés, minant l'objectif initial de protection des consommateurs. Ainsi, est-il crucial pour les gouvernements d'évaluer soigneusement les conséquences de leurs politiques de régulation des prix afin d'atteindre un équilibre délicat entre protection des consommateurs et maintien de la fonctionnalité du marché. Dans des économies de marché, une approche mesurée qui favorise à la fois l'intervention gouvernementale lorsque cela est justifié et le respect des mécanismes de l'offre et de la demande s'avère souvent la plus bénéfique pour la société dans son ensemble. Les décideurs doivent naviguer entre ces deux pôles, cherchant des solutions innovantes et flexibles face aux défis économiques contemporains.

En conclusion, comme l'a dit Friedrich Hayek : « Les prix sont un instrument de communication et un moyen de transmettre l'information... C'est un type de connaissance de circonstances particulières de temps et de lieu. » (Hayek, 1945). Ce système de prix est d'une efficacité remarquable pour coordonner les actions de millions d'individus sans qu'aucune autorité centrale n'ait à donner d'ordres ; c'est ce que Adam Smith appelait la « main invisible » du marché.

L'entrepreneuriat : le moteur de la croissance

Les prix sont les mots que chuchote l'économie à ceux qui savent écouter. Les entrepreneurs, eux, sont ces explorateurs intrépides qui décodent et interprètent ces messages, transformant les fluctuations des prix en actions qui bouleversent le monde. Alors que certains pourraient voir en eux de simples agents motivés par le profit, il serait plus juste de les percevoir comme des éclaireurs de la modernité. Sans eux, l'économie serait muette et les désirs humains se perdraient dans l'inaction et l'indifférence. Voir au-delà de ce qui est visible, deviner ce qui manque et le matérialiser, voilà la véritable essence de l'entrepreneuriat. Comme l'a brillamment formulé l'économiste Israel Kirzner, « L'essence de l'entrepreneuriat consiste à remarquer et à saisir les opportunités de profit qui n'ont pas encore été remarquées. » (Kirzner, 2018). L'entrepreneur est donc celui qui, à l'instar d'un pionnier, avance dans l'inconnu et donne naissance à ce qui n'existait pas. En écoutant attentivement les signaux de l'économie, il est le premier à identifier les besoins émergents, à répondre aux désirs inédits des consommateurs. C'est lui qui a donné vie aux objets et services qui nous sont aujourd'hui indispensables, des smartphones aux services de streaming, en passant par les voitures électriques. En ce sens, chaque invention est un acte de foi, une anticipation des désirs de demain et une réponse aux besoins non formulés d'aujourd'hui.

L'entrepreneuriat est bien plus qu'un simple processus de création de richesse. Il est le moteur de l'innovation, de la transformation et de l'adaptation constante. Chaque entreprise est une réponse au changement de circonstances, aux nouveaux désirs, aux défis contemporains. Dans un monde qui évolue rapidement, où les technologies et les attentes des consommateurs changent en un clin d'œil, l'entrepreneur est celui qui permet à l'économie de se renouveler. Grâce à lui, l'économie n'est pas figée, mais constamment vivante, en mouvement, à l'image de ces arbres qui, chaque printemps, bourgeonnent à nouveau.

Mais, combien de fois cet esprit d'entreprise est-il freiné, voire étouffé, par des régulations, des impôts punitifs, des barrières qui semblent faites pour dissuader l'initiative plutôt que de la stimuler ? Si l'entrepreneur est celui qui s'aventure au-delà des frontières connues, que peut-il faire face à des murs de restrictions bureaucratiques et à des taxes qui pénalisent la réussite ? Les réglementations excessives, qui prétendent encadrer l'économie pour la rendre plus juste, finissent souvent par créer des obstacles inutiles. Loin de protéger les plus vulnérables, elles entravent les esprits audacieux et les empêchent de créer de nouvelles opportunités. Il ne faut jamais oublier que chaque barrière, chaque taxe, chaque réglementation injustifiée, réduit le potentiel d'innovation, et donc la croissance à long terme de l'économie.

À force de vouloir encadrer, réguler et taxer, l'État finit par détruire ce qu'il prétend protéger : le progrès économique. En punissant la réussite par des impôts punitifs, on envoie un message clair aux entrepreneurs : ne réussissez pas trop, ne créez pas de richesse. Ce message est non seulement un contresens économique, mais aussi un affront aux efforts, aux risques, et à la créativité de ceux qui œuvrent pour rendre le monde meilleur. La régulation excessive étouffe l'initiative individuelle et érode ce qu'on pourrait appeler l'*harmonie économique*. Car, chaque entrepreneur qui cesse de créer par découragement ou par contrainte, c'est une innovation de moins, une source de richesse éteinte. L'économie libre est une symphonie dans laquelle chaque acteur joue un rôle indispensable. Étouffer la liberté entrepreneuriale, c'est rompre cette symphonie, c'est briser le fil fragile de l'innovation et du progrès.

Comme l'aurait soutenu Bastiat, l'économie est un écosystème qui prospère par la liberté. Les entraves à l'entrepreneuriat doivent être considérées comme des maladies du corps économique. Et de même qu'un corps affaibli se défend mal, une économie entravée perd sa vigueur, son dynamisme, sa capacité d'adaptation. La véritable prospérité, celle qui élève les nations, repose sur la liberté de créer, d'innover, de prendre des risques et d'en assumer les conséquences. Si nous aspirons à une économie prospère et harmonieuse, il est de notre devoir de défendre la liberté d'entreprendre. Ce n'est qu'en permettant aux entrepreneurs de s'exprimer, de se lancer sans être constamment freiné par des obstacles artificiels, que nous pourrons réellement atteindre un développement harmonieux, en phase avec les désirs et les besoins de la société.

Il est aisé de critiquer les entrepreneurs, de les voir uniquement comme des profiteurs. Mais en vérité, ce sont eux les véritables bâtisseurs de notre avenir, les poètes de l'économie. Chaque nouvelle entreprise, chaque nouvelle innovation est un poème, un morceau de beauté qui s'ajoute à l'humanité. Et si nous voulons que l'économie chante une symphonie de progrès, nous devons accorder aux entrepreneurs la liberté dont ils ont besoin pour jouer leurs notes.

L'épargne et l'investissement : les graines de la croissance économique

L'épargne, un concept souvent perçu de manière défavorable, est fréquemment réduite à une sorte de stase économique. Pourtant, cette perception est un contresens fondamental. L'épargne n'est pas synonyme de « sommeil de l'argent » mais, au contraire, constitue l'essence même de l'investissement, le pilier invisible de tout développement économique. L'épargne, loin de paralyser l'économie, prépare et alimente la création de richesses futures, permettant d'améliorer le bien-être collectif de façon durable.

Épargner, c'est choisir de renoncer à une consommation immédiate dans le but de construire l'avenir. En choisissant de différer une satisfaction personnelle aujourd'hui, l'épargnant permet l'émergence d'un avenir plus productif et plus riche pour tous. C'est cette épargne qui rend possible la construction d'infrastructures, le développement de nouvelles technologies, la formation d'une main-d'œuvre qualifiée. En d'autres termes, l'épargne est le fondement de l'investissement productif.

Comme l'exprime si justement le journaliste Henry Hazlitt, « **L'épargne d'aujourd'hui est la consommation de demain** » (Hazlitt, 1988). L'épargne rend possible l'investissement ; l'investissement rend possible la production future ; et la production future rend possible, à long terme, l'amélioration du niveau de vie. Par cet enchaînement vertueux, l'épargne alimente le moteur de la prospérité économique. En réalité, il n'y a pas d'investissement sans épargne préalable. Quand un entrepreneur décide de lancer un projet, de construire une usine ou de développer un nouveau produit, il ne s'agit pas d'une simple idée ; il faut des ressources, du capital, pour donner corps à cette idée. Et ce capital n'apparaît pas de nulle part ; il est le fruit de l'épargne. C'est cette épargne qui se transforme en machines, en outils, en matériaux, en technologie. Sans elle, l'économie ne serait rien d'autre qu'un cycle stérile de consommation éphémère.

Pourtant, combien de politiques économiques modernes semblent oublier cette vérité fondamentale ? Le « culte de la consommation immédiate » a envahi la pensée économique, conduisant à des décisions qui privilégient la dépense immédiate plutôt que la construction d'un avenir prospère. Des taux d'intérêt artificiellement bas, imposés par les banques centrales, aux programmes de relance basés exclusivement sur la consommation, les mesures actuelles encouragent l'illusion que dépenser sans retenue est le chemin le plus sûr vers la prospérité. Mais, à quel prix ?

Ces politiques, en incitant à consommer davantage, minent la volonté d'épargner et affaiblissent la base de tout investissement à long terme. La consommation immédiate, certes, peut donner une impression de dynamisme économique, mais cette croissance est souvent éphémère et artificielle, car elle ne repose pas sur une base solide. La prospérité véritable ne peut s'édifier que sur le socle stable de l'épargne et de l'investissement.

Les taux d'intérêt sont les signaux qui orchestrent la relation entre épargne et investissement. Lorsque les taux d'intérêt sont bas, cela signifie que l'épargne est abondante et que les ressources peuvent être investies dans des projets de plus longue haleine. Cependant, lorsqu'ils sont artificiellement maintenus à un niveau bas par des politiques monétaires expansionnistes, le message envoyé à l'économie est faussé. Les investisseurs, attirés par ces taux peu élevés, sont incités à lancer des projets sans réelle fondation économique, créant ainsi des bulles économiques qui finissent souvent par éclater. Au lieu d'encourager un investissement basé sur une véritable épargne, cette politique ne fait que gonfler artificiellement la consommation et créer une dépendance malsaine à la dette.

La véritable prospérité d'une nation ne repose pas sur une course effrénée à la consommation, mais bien sur une capacité à investir dans des projets qui viendront améliorer le futur. C'est l'épargne qui confère à une économie sa stabilité et sa résilience. En temps de crise, une société qui a épargné dispose des moyens pour surmonter les tempêtes économiques. Une société fondée sur la dette, elle, vacille et souffre de la moindre turbulence. De plus, l'épargne permet une répartition des ressources sur des projets qui enrichissent véritablement la société : infrastructures, recherche scientifique, développement technologique. Ce sont là les éléments essentiels d'une économie saine, prospère et résiliente, et ils ne peuvent être bâtis sans une épargne robuste.

En conclusion, l'épargne est bien plus qu'un simple acte de renoncement : elle est une promesse, un engagement envers l'avenir. En épargnant, nous construisons un pont vers un futur prospère. Ce n'est pas en dépensant sans retenue que l'on assure la prospérité des générations futures, mais en leur léguant un capital qui permettra leur développement.

La concurrence : le gardien de l'efficacité

La concurrence souffre d'une réputation déformée et injuste. Trop souvent, elle est perçue comme une lutte brutale, où les faibles sont écrasés par les forts, et où les profits importent davantage que l'innovation et le progrès. Mais, cette vision réduit la concurrence à une caricature bien éloignée de sa véritable nature. En vérité, la concurrence n'est pas une guerre dans laquelle le vainqueur est celui qui détruit son rival, mais bien un puissant levier d'innovation et de progrès.

La concurrence est, avant tout, un processus dynamique de découverte. Dans un marché libre, chaque entrepreneur est poussé à innover, à trouver des solutions nouvelles, à inventer des moyens pour satisfaire le mieux possible les attentes des consommateurs. C'est ainsi que la concurrence devient un voyage vers l'amélioration constante, non seulement des produits, mais aussi des méthodes et des processus. En incitant à la créativité, la concurrence entraîne une élévation générale du niveau de vie. Comme l'a si justement affirmé Friedrich Hayek, « La concurrence est essentiellement un processus de formation d'opinion. » (Hayek, 1945). Ce processus, loin d'être une simple quête de profit, est un moyen de mettre à l'épreuve différentes idées, innovations et méthodes. En permettant la diffusion de l'information, elle favorise une meilleure compréhension des besoins et des désirs du marché, assurant ainsi une cohérence naturelle dans l'ensemble du système économique.

Si nous bénéficions aujourd'hui d'une gamme aussi large de biens et de services, à des prix abordables et de qualité croissante, c'est en grande partie grâce à la concurrence. Chaque entreprise, dans son effort pour se distinguer, cherche à offrir un produit ou un service meilleur, moins cher ou plus innovant que celui de ses concurrents. Et lorsque l'une d'elles y parvient, les autres s'empressent de suivre. Il en résulte un cercle vertueux dans lequel le consommateur est le premier bénéficiaire. Sans la concurrence, nous serions privés de ce processus d'amélioration continue. Les biens seraient standardisés, les services figés, et l'économie se complairait dans une stagnation morose. C'est cette dynamique concurrentielle qui anime l'ensemble du système économique et pousse chacun à se dépasser, à ne jamais se satisfaire du statu quo.

La concurrence ne sert pas seulement l'innovation ; elle est également un rempart contre l'accumulation excessive du pouvoir économique. Dans un marché vraiment libre, aucune entreprise ne peut dominer de façon durable sans attirer de nouveaux concurrents. Les profits excessifs agissent comme un signal pour d'autres acteurs économiques, les incitant à entrer sur le marché et à proposer des alternatives. C'est ainsi que la concurrence limite le pouvoir des entreprises et empêche l'apparition de monopoles non contestés. La concurrence, en ce sens, est la gardienne de la justice économique. En créant un environnement où chacun a la possibilité de contester la position dominante d'une entreprise, elle assure une répartition plus équilibrée des ressources et des opportunités. Ainsi, la concurrence ne peut être vue comme un mécanisme cruel ; elle est, au contraire, un principe de justice et d'équité.

Malheureusement, la concurrence est trop fréquemment entravée par des politiques économiques visant à protéger certains secteurs ou entreprises jugés « stratégiques ». Ces interventions prennent de nombreuses formes : barrières à l'entrée pour limiter la concurrence étrangère, subventions pour favoriser certaines entreprises, réglementations complexes qui découragent les nouveaux entrants. Bien que ces mesures soient justifiées par la volonté de protéger l'économie nationale ou de préserver l'emploi, elles produisent des effets pervers qui affaiblissent la vitalité du marché. Les barrières à l'entrée, par exemple, empêchent les nouveaux entrepreneurs de lancer leurs propres entreprises, privant ainsi le marché d'idées et d'innovations nouvelles. Les subventions, quant à elles, créent une distorsion dans les mécanismes de prix, récompensant les entreprises qui ne sont pas toujours les plus efficaces. En fin de compte, ces politiques ne protègent pas vraiment les industries, mais les empêchent plutôt de s'adapter aux changements et de se réinventer.

Là où la concurrence est entravée, des monopoles artificiels peuvent voir le jour. Lorsqu'une entreprise reçoit des subventions ou des avantages réglementaires, elle bénéficie d'un avantage indu sur ses concurrents, faussant ainsi le jeu de la libre concurrence. Ces monopoles subventionnés n'ont alors plus l'incitation d'innover ou de s'améliorer, car leur position de domination est protégée par l'État. Ils se transforment en géants inertes, profitant de leur situation sans apporter de valeur ajoutée au consommateur. Ces monopoles artificiels illustrent parfaitement le danger de l'interventionnisme. Ils finissent par nuire au consommateur, en proposant des produits et des services de moindre qualité à des prix plus élevés. Dans un marché libre, ces entreprises auraient été remplacées par des concurrents plus efficaces, mais en l'absence de concurrence réelle, elles prospèrent aux dépens de l'intérêt collectif.

Dans une économie libre, la concurrence encourage chaque entreprise à optimiser ses ressources, à réduire ses coûts, à minimiser le gaspillage. Elle permet à chaque acteur de se concentrer sur ce qu'il fait le mieux, favorisant une allocation efficace des ressources. Lorsque la concurrence est présente, le marché récompense les entreprises les plus performantes et élimine celles qui ne parviennent pas à s'adapter. Ce mécanisme naturel assure que les ressources limitées d'une économie sont utilisées de manière optimale, pour produire ce que les consommateurs désirent le plus. Les interventions qui faussent la concurrence perturbent ce processus. En cherchant à maintenir des entreprises non compétitives en activité, elles détournent des ressources vers des usages moins productifs. Ainsi, au lieu de servir l'économie et d'encourager l'innovation, ces politiques freinent le progrès et génèrent de l'inefficacité.

La concurrence, loin d'être une lutte brutale, est un mécanisme pacifique de découverte, de justice et d'innovation. Elle donne à chaque individu, à chaque entreprise, la possibilité de contribuer au progrès collectif en apportant des solutions nouvelles et en répondant aux attentes changeantes de la société. Elle est le fondement de la liberté économique, car elle assure que chacun puisse participer au marché sur un pied d'égalité. Plutôt que de chercher à entraver la concurrence, il serait plus judicieux de la préserver et de la renforcer, pour garantir que notre économie reste dynamique et tournée vers l'avenir. La prospérité véritable ne naît pas des protections et des subventions, mais bien de la libre interaction des acteurs économiques. En ce sens, la concurrence est un bien commun, un principe à défendre, car c'est elle qui rend possible le progrès économique, l'innovation, et une répartition équitable des richesses.

La monnaie et l'inflation

La monnaie, cet instrument que nous utilisons quotidiennement, est bien plus qu'un simple moyen d'échange. Elle est, comme le sang dans notre corps, le fluide qui permet à l'économie de fonctionner de manière efficace.

Mais la monnaie, tout comme le sang, peut se corrompre. Quand elle perd de sa valeur, elle emporte avec elle la vitalité de l'économie, laissant les citoyens désemparés face à la montée des prix et à la dépréciation de leurs épargnes. Cette corruption de la monnaie, c'est l'inflation.

La monnaie remplit plusieurs fonctions essentielles : elle est un moyen d'échange, une réserve de valeur et une unité de compte. Sans elle, nous serions contraints au troc, un système inefficace et limité, où chaque transaction nécessiterait une coïncidence parfaite des besoins entre deux individus. La monnaie libère l'économie de cette entrave en permettant à chacun d'échanger librement, de conserver la valeur de ses efforts, et de mesurer les biens et services selon une unité commune. Mais pour que la monnaie puisse jouer son rôle, elle doit être stable. Si sa valeur fluctue constamment, elle cesse de remplir son rôle de réserve de valeur et fausse les signaux de prix essentiels pour guider les décisions économiques.

L'inflation, loin d'être simplement une hausse des prix, est avant tout une augmentation de la masse monétaire en circulation, sans contrepartie réelle en biens et services. Lorsque les banques centrales augmentent la quantité de monnaie, elles ne créent pas de richesses, mais dévaluent chaque unité monétaire existante. En d'autres termes, l'inflation réduit la valeur de chaque billet en circulation, ce qui se traduit par une hausse généralisée des prix. Comme l'a dit Ludwig von Mises, « L'inflation est une politique ». Ce n'est pas un phénomène naturel, mais le résultat de décisions humaines, souvent justifiées par une volonté de « stimuler » l'économie. Mais cette stimulation est une illusion, car elle ne repose sur aucune création de valeur réelle. C'est une redistribution cachée, qui avantage certains aux dépens d'autres.

L'inflation agit comme une taxe invisible, car elle réduit le pouvoir d'achat des citoyens sans qu'un impôt explicite ne soit prélevé. Au fur et à mesure que la monnaie perd de sa valeur, le prix des biens et services augmente, forçant les ménages à dépenser davantage pour maintenir leur niveau de vie. Ce sont les épargnants et les salariés qui en souffrent le plus, car leurs revenus fixes ne suivent pas toujours la même progression que l'inflation. L'État, quant à lui, profite de cette inflation cachée. En réduisant la valeur de la monnaie, il allège le poids de ses dettes et de ses engagements financiers. Cette érosion insidieuse permet aux gouvernements de lever des fonds sans imposer directement la population, dissimulant ainsi le coût réel de leurs politiques.

L'inflation ne frappe pas tous les citoyens de manière égale. Ceux qui reçoivent l'argent nouvellement créé en premier — généralement les grandes entreprises et les institutions financières proches des canaux de distribution monétaire — peuvent acheter des biens et services avant que les prix n'augmentent. Par contraste, ceux qui perçoivent cet argent en dernier — souvent les ménages ordinaires, les retraités et les travailleurs à revenu fixe — sont frappés par la hausse des prix avant que leurs revenus n'aient le temps de s'ajuster. Ils deviennent les premières victimes de cette « taxation cachée ». C'est un processus que l'on appelle l'*effet Cantillon*, du nom de l'économiste Richard Cantillon, qui a observé que l'inflation redistribue la richesse au bénéfice de ceux qui reçoivent l'argent en premier. En somme, l'inflation creuse les inégalités en enrichissant les plus proches des sources de création monétaire, tout en appauvrissant les citoyens les plus éloignés de ces canaux.

L'inflation pénalise non seulement les consommateurs, mais aussi les épargnants. Les individus qui choisissent de mettre de côté une partie de leurs revenus pour l'avenir voient leur épargne s'éroder année après année. Ce processus décourage l'épargne, pourtant essentielle pour l'investissement et la croissance économique. Si l'épargne perd de sa valeur, les individus sont incités à consommer immédiatement plutôt qu'à investir dans des projets à long terme. Henry Hazlitt avait raison de dire que : « L'inflation est la forme la plus insidieuse de vol que l'homme ait jamais inventée. » En réduisant la valeur de l'épargne, elle prive les individus de la possibilité d'améliorer leur avenir et décourage les investissements productifs. Ce cycle de dévaluation monétaire favorise donc une consommation immédiate aux dépens d'une construction durable de richesses futures.

L'inflation fausse également les signaux de prix, ces indicateurs cruciaux qui guident les choix économiques. Dans un marché libre, les prix informent les producteurs et les consommateurs sur la rareté des ressources et sur les besoins de la société. Mais lorsque la monnaie perd de sa valeur, ces signaux sont brouillés. Les prix augmentent de manière artificielle, créant une illusion de prospérité et incitant les entreprises à investir dans des projets non viables à long terme. Cette distorsion des signaux économiques conduit à des malinvestissements, c'est-à-dire des investissements dans des secteurs qui ne répondent pas à une demande réelle mais sont stimulés par la création monétaire. Ces projets sont souvent voués à l'échec une fois que la bulle économique éclate, causant des crises qui frappent durement l'ensemble de la société.

Les partisans de l'inflation soutiennent souvent qu'une légère augmentation des prix est bénéfique, car elle « stimule » l'économie. Mais cette stimulation est temporaire et artificielle. Elle crée une dépendance à la création monétaire et engendre une inflation chronique qui devient difficile à contrôler. Une fois que la machine à imprimer la monnaie est lancée, il est difficile de la freiner sans provoquer de récession. De plus, ces politiques inflationnistes incitent les gouvernements à accumuler des dettes, car l'inflation réduit le poids réel de ces dettes au fil du temps. Mais cette facilité est un piège. En encourageant les emprunts excessifs, elle menace la stabilité financière des États et les rend vulnérables aux crises de confiance.

De tout ce qui précède, la monnaie est un bien commun, un pilier de la société qui doit être préservé avec soin. L'inflation, loin d'être une simple variation des prix, est une force corrosive qui érode la richesse et la stabilité de notre société. En favorisant certains au détriment d'autres, elle constitue une injustice économique qui frappe les plus vulnérables et décourage les efforts d'épargne et d'investissement.

Le rôle de l'État dans une économie : un sujet de débat permanent

Depuis des siècles, le rôle de l'État dans l'économie suscite des débats passionnés. Au cœur de cette question se trouve une tension entre le besoin de protéger et de réguler certains aspects de la vie collective et le danger d'étouffer la liberté individuelle et l'innovation. L'État, par ses lois et son pouvoir, influence profondément la société. Mais jusqu'où doit-il s'étendre ?

Adam Smith, le père de l'économie moderne, défendait une vision de l'État strictement limitée aux fonctions régaliennes : protection des droits de propriété, justice, sécurité et certaines infrastructures de base. Pour Smith, le marché libre est capable de générer une prospérité spontanée grâce à l'initiative individuelle et à la « main invisible » qui régule les échanges. Dans cette optique, plus l'État s'abstient d'interférer, plus l'économie a la liberté de s'auto-organiser, permettant à chacun de poursuivre son intérêt tout en servant le bien commun. Smith croyait profondément en la capacité des individus à créer de la richesse en agissant selon leurs intérêts, et il voyait le rôle de l'État comme une simple garde qui protège le terrain de jeu économique sans le transformer en un champ bureaucratique. Cette vision minimaliste reste une référence pour ceux qui considèrent que toute intervention de l'État porte en elle un risque de dérive.

À l'opposé, John Maynard Keynes, économiste influent du XXe siècle, défendait un rôle actif pour l'État, notamment en période de crise. Pour Keynes, le marché n'était pas toujours en mesure de se réguler efficacement. En période de récession, les ménages et les entreprises ont tendance à réduire leurs dépenses, aggravant ainsi le ralentissement économique. Dans ces circonstances, il estimait que l'État devait intervenir en augmentant ses propres dépenses pour compenser le manque de demande privée et relancer l'économie. Dans cette optique, l'État devient un acteur économique à part entière, non seulement en période de crise, mais aussi pour corriger les inégalités et assurer une redistribution des richesses. Toutefois, si les idées de Keynes ont permis d'éviter certains effondrements économiques, elles posent également la question des limites : jusqu'où l'État peut-il intervenir sans fausser le jeu de l'économie ?

Frédéric Bastiat, économiste et philosophe, a souvent mis en garde contre les dangers de l'intervention excessive de l'État dans la vie économique. Pour lui, l'État est souvent perçu comme un pourvoyeur infini de ressources, un « bienfaiteur » capable de répondre aux désirs et aux besoins de tous. Mais cette perception, selon Bastiat, est une illusion. « L'État est la grande fiction à travers laquelle tout le monde s'efforce de vivre aux dépens de tout le monde. » (Bastiat, 2005). L'État, en effet, n'a pas de ressources propres. Chaque unité monétaire qu'il dépense doit être prélevé quelque part dans l'économie, soit sous forme d'impôts, soit sous forme de dettes qui pèseront sur les générations futures. En croyant que l'État peut subvenir à tous nos besoins, nous négligeons le coût réel de cette assistance. La redistribution étatique, si elle n'est pas mesurée, risque de créer une dépendance et de décourager l'initiative individuelle, transformant les citoyens en assistés plutôt qu'en acteurs de leur propre destin.

Friedrich Hayek a approfondi la critique de l'intervention étatique en soulignant le « problème de la connaissance ». Selon Hayek, aucun planificateur central, aussi bien intentionné soit-il, ne peut disposer de toutes les informations nécessaires pour prendre des décisions optimales pour une société. L'économie, dit-il, est un réseau complexe d'interactions, un ordre spontané où chaque individu détient une parcelle de la connaissance collective. En centralisant la prise de décision, l'État ignore la diversité des informations locales et des préférences individuelles, conduisant inévitablement à des erreurs et à des inefficacités. Le marché, par contraste, permet une décentralisation de la prise de décision, où chaque acteur, guidé par ses propres intérêts et connaissances, contribue à la formation d'un équilibre dynamique. En intervenant pour « corriger » le marché, l'État perturbe cette distribution de la connaissance, ce qui peut créer des distorsions économiques, des inefficacités et même des crises.

L'intervention de l'État, en prélevant des ressources sur l'économie productive pour les redistribuer, peut entraîner des effets pervers. Chaque euro collecté par l'État est un euro de moins disponible pour l'investissement privé, l'innovation et la consommation individuelle.

Les entreprises, étouffées par la fiscalité, sont contraintes de réduire leurs ambitions, de limiter leurs investissements, voire de délocaliser leurs activités. Les individus, quant à eux, peuvent perdre l'incitation à travailler davantage ou à épargner si leurs efforts sont trop lourdement taxés. La redistribution, si elle est poussée à l'extrême, finit par affaiblir la base productive de l'économie, créant un cercle vicieux où l'État, en cherchant à « protéger » les plus vulnérables, en vient à réduire les opportunités pour tous. En d'autres termes, les politiques redistributives doivent être appliquées avec parcimonie et discernement, afin de ne pas nuire à l'efficacité économique globale.

L'État a indéniablement un rôle à jouer dans l'économie, notamment pour fournir certains biens publics essentiels. La défense, la justice, la sécurité et certaines infrastructures sont des services que le marché ne peut pas fournir de manière optimale, car ils bénéficient à l'ensemble de la société, indépendamment de la contribution de chacun. Cependant, au-delà de ces fonctions régaliennes, le rôle de l'État dans l'économie doit être limité. Lorsque l'État se met à jouer le rôle de producteur ou de distributeur de biens et services, il risque de créer des monopoles artificiels, d'imposer des standards rigides et de fausser les signaux de prix. Ces interventions, bien que parfois motivées par des intentions louables, finissent par nuire à la diversité et à la flexibilité économique. L'État ne peut pas être le pourvoyeur de toutes les solutions économiques sans affaiblir la liberté individuelle et la responsabilité personnelle. En limitant son rôle aux fonctions essentielles et en laissant le marché s'occuper du reste, l'État respecte la diversité des besoins et des aspirations de ses citoyens. En favorisant une économie fondée sur la liberté d'entreprendre et la concurrence, il crée les conditions d'une prospérité durable et équitable. Cette vision ne signifie pas l'absence totale d'intervention, mais une intervention raisonnée, mesurée, qui respecte le principe de subsidiarité et qui laisse la place à l'initiative individuelle. En limitant l'État aux fonctions régaliennes, nous lui permettons de concentrer ses ressources et ses compétences sur les domaines où il est réellement efficace, tout en libérant l'économie productive des entraves bureaucratiques.

Lettre 2 : Les sophismes courants

Dans les communications publiques, il est courant de rencontrer des arguments politiques ou économiques qui semblent logiques à première vue, mais qui reposent en réalité sur des sophismes. Ces sophismes sont des raisonnements fallacieux qui peuvent être très convaincants mais qui trompent les électeurs/citoyens en déformant la réalité. Dans cette lettre, nous allons examiner certains des sophismes les plus courants, les déconstruire et apprendre à les reconnaître et à y répondre.

Sophisme de la fausse cause (*Post Hoc Ergo Propter Hoc*)

Dans l'art délicat de la persuasion politique, il est de bon ton de relier des événements dans un schéma simple : une action, un effet. Cette logique simpliste, connue sous le nom de sophisme de la fausse cause, *post hoc ergo propter hoc* (après ceci, donc à cause de ceci), consiste à affirmer qu'un événement en a causé un autre simplement parce qu'il l'a précédé dans le temps. Cependant, cette association hâtive masque souvent la complexité des relations entre les faits et nuit à une compréhension profonde des mécanismes en jeu.

Les méfaits d'un raisonnement hâtif : la causalité apparente

Prenons, par exemple, le cas d'un politicien qui proclame fièrement que la baisse du taux de chômage est le résultat direct de ses politiques depuis qu'il est au pouvoir. Pourtant, bien que cette baisse soit une réalité statistique, elle n'est pas nécessairement imputable aux décisions politiques de ce dirigeant. Un changement économique tel que celui-ci peut résulter de nombreux facteurs, comme une reprise mondiale, des cycles naturels de l'économie, ou encore un afflux d'investissements étrangers. Pour illustrer ce phénomène, examinons la période de la Grande Dépression aux États-Unis et les initiatives du New Deal de Franklin D. Roosevelt. Nombreux sont ceux qui attribuent la reprise économique américaine aux vastes réformes et aux projets d'infrastructures mis en place dans le cadre du

New Deal. Mais, des historiens et des économistes modernes posent la question : les États-Unis seraient-ils sortis de la Dépression sans ces politiques ? La réalité historique révèle que des facteurs externes, comme l'intensification de la Seconde Guerre mondiale et l'augmentation de la demande internationale de biens, ont également joué un rôle déterminant dans cette reprise. Autre exemple. Les chocs pétroliers des années 1970 ont provoqué des récessions dans de nombreux pays industrialisés, entraînant une inflation élevée et un chômage croissant. Beaucoup ont attribué cette crise exclusivement aux hausses des prix du pétrole de l'OPEP, affirmant que l'augmentation des coûts énergétiques avait freiné l'économie mondiale. Cependant, réduire cette crise aux seuls chocs pétroliers masque des causes plus profondes, telles que les politiques monétaires expansionnistes adoptées dans les années 1960, les déficits budgétaires et la transition de la plupart des pays occidentaux du modèle de Bretton Woods à des changes flottants, qui ont contribué à créer des déséquilibres. En analysant les causes de la crise, on comprend que ce n'est pas seulement l'augmentation du prix du pétrole, mais aussi des facteurs internes économiques qui ont exacerbé cette récession. Cela montre l'importance d'identifier les interactions entre les facteurs pour éviter de simplifier des événements économiques complexes.

Le cas du Rwanda. Le Rwanda a été souvent loué pour ses réformes économiques, avec une attention particulière portée à la régulation et à la formalisation de son secteur informel. Des rapports gouvernementaux indiquent une baisse du chômage, interprétée comme un résultat direct de ces réformes. Toutefois, cette réduction peut être influencée par des facteurs plus larges, tels que les programmes d'aide internationale, la stabilité politique, et les initiatives de formation qui ne sont pas uniquement liées à la formalisation du secteur informel. Attribuer la baisse du chômage aux seules réformes du secteur informel relève d'une vision simpliste. Il est essentiel de considérer l'impact des programmes de formation, du soutien des partenaires internationaux et d'une conjoncture socio-économique stable qui favorisent la création d'emplois.

Depuis les réformes bancaires des années 2000 au Nigeria, le secteur financier a connu une croissance significative, ce qui est souvent mis au crédit de ces réformes. Toutefois, la montée en puissance du secteur financier est également liée à l'explosion de la demande pour les services financiers dans une population en croissance rapide, ainsi qu'à l'expansion de la téléphonie mobile qui facilite l'accès aux services bancaires. Attribuer la croissance du secteur financier aux seules réformes ignore le rôle de la téléphonie mobile et l'évolution démographique. Cette vision simpliste empêche de voir que des facteurs externes contribuent également à cette dynamique.

Décomposer la causalité : le rôle des variables cachées

Le sophisme de la fausse cause repose sur une approche monocausale d'un phénomène complexe. Pourtant, les événements, encore plus les événements économiques, sont rarement dus à une seule cause identifiable ; ils sont le produit d'une multitude de variables. Dans ce contexte, il est essentiel de comprendre l'importance de la causalité multiple, c'est-à-dire l'influence simultanée de divers facteurs interconnectés qui façonnent le paysage économique. Les variables cachées, ou variables omises, jouent un rôle essentiel dans l'interprétation des faits économiques. Ces éléments, qui ne sont pas immédiatement apparents, peuvent fausser la perception que l'on a d'une relation de causalité. Comprendre leur importance permet de décomposer la causalité apparente et d'éviter des conclusions erronées. Une analyse trop simpliste, comme celle qui omet les variables cachées, peut conduire à des erreurs d'interprétation qui nuisent à la prise de décision. Par exemple, les années 1990 aux États-Unis ont été marquées par une prospérité économique que beaucoup attribuent à la révolution technologique et à l'essor d'Internet. Cependant, limiter cette croissance à un seul facteur occulte d'autres éléments importants : des politiques fiscales favorables, une inflation maîtrisée, et un environnement économique mondial stable. C'est la conjonction de ces facteurs qui a permis l'essor de l'économie numérique.

Prenons le cas des infrastructures financées par la Chine, un exemple fréquemment cité de moteur de développement dans de nombreux pays africains. On attribue couramment à ces investissements l'essor économique observé dans certaines régions. Cependant, la croissance économique ne peut pas être réduite à la seule construction de routes ou de ports, aussi nécessaires soient-ils. D'autres variables, comme les fluctuations des prix des matières premières, les réformes politiques nationales et l'amélioration de la formation de la main-d'œuvre, contribuent également à cette croissance. En omettant ces autres facteurs, on crée une illusion de simplicité : l'idée que la seule construction d'infrastructures est à l'origine de la prospérité. Or, si les prix des matières premières devaient chuter ou si des changements politiques défavorables apparaissaient, les infrastructures seules ne garantiraient pas une croissance soutenue. Ce type d'analyse erronée peut conduire à des dépendances économiques ou à des décisions politiques mal fondées.

Reconnaître l'influence des variables cachées implique d'adopter une approche multicausale, qui cherche à identifier les interactions entre différents facteurs pour mieux saisir la réalité. Cela est particulièrement important dans le domaine des politiques publiques, où des mesures mal conçues ou des analyses erronées peuvent entraîner des conséquences négatives durables. L'approche multicausale permet non seulement d'éviter les interprétations erronées, mais aussi d'optimiser les décisions politiques. Plutôt que de compter sur une politique unique pour résoudre une question complexe, les décideurs peuvent intégrer plusieurs dimensions – économiques, sociales, environnementales, et internationales – pour établir des stratégies plus équilibrées.

Apprendre à reconnaître et déconstruire le sophisme

Pour éviter de tomber dans le piège du *post hoc ergo propter hoc*, il est essentiel d'examiner les données de manière rigoureuse et de chercher des preuves qui confirment un lien de causalité. Les politiques publiques doivent faire l'objet d'analyses minutieuses, de recherches empiriques et de vérifications indépendantes avant d'être célébrées comme des succès ou blâmées pour des échecs. Par exemple, à la suite du référendum sur le Brexit, plusieurs observateurs ont associé des changements économiques à la décision de quitter l'Union européenne. Certains politiciens et médias ont affirmé que le ralentissement économique du Royaume-Uni était dû directement au Brexit, tandis que d'autres y voyaient un signe de liberté économique. Pourtant, les effets réels du Brexit restent difficiles à isoler en raison des nombreuses variables en jeu, comme la pandémie de COVID-19, qui a également influencé l'économie britannique.

Pour déjouer le sophisme de la fausse cause, il est utile de poser des questions directes et simples, qui forcent la personne à détailler son raisonnement :

1. **Quelle est la preuve de causalité directe ?**
   La baisse du chômage est-elle uniquement liée aux nouvelles politiques, ou existe-t-il des études montrant que d'autres facteurs économiques ont contribué à cette amélioration ?

2. **Est-ce un phénomène local ou mondial ?**
   Par exemple, si une hausse de la production industrielle est constatée en

France pendant une période de réforme économique, il faut évaluer si cette hausse est également observée dans d'autres pays, ce qui pourrait indiquer une reprise mondiale.

3. **Quelles sont les variables non prises en compte ?**

Il convient de prendre en compte des facteurs souvent occultés, comme les changements démographiques, la confiance des consommateurs, ou les innovations technologiques, qui influencent la dynamique économique.

L'attraction du sophisme de la fausse cause réside dans sa simplicité. Il transforme la complexité des politiques publiques en récits séduisants, compréhensibles pour tous. Mais ce confort intellectuel est trompeur. Pour éviter d'être influencés par de tels raccourcis fallacieux, nous devons cultiver une prudence intellectuelle et toujours chercher à analyser les données avec rigueur. En faisant cela, le citoyen ne tombera plus dans le piège de l'apparence, mais sera capable d'interroger le fond des politiques publiques pour en saisir les véritables causes.

Sophisme du faux dilemme

Dans le discours politique, il est courant d'entendre des raisonnements qui présentent des choix limités, comme si toute décision ne pouvait être qu'une simple alternative entre deux options. Cette réduction de la complexité du réel à une opposition binaire constitue le sophisme du faux dilemme. Par cette approche, les décisions et les débats se trouvent enfermés dans une vision restreinte de la réalité, qui ignore les solutions intermédiaires ou complémentaires. Le faux dilemme cherche à manipuler l'opinion en polarisant les choix et en contraignant le raisonnement. Soit un politicien qui affirme : "Nous devons choisir entre augmenter les impôts ou réduire les dépenses." Ce faux dilemme donne l'impression que les deux options sont les seules envisageables, alors que bien d'autres solutions existent, comme une réforme fiscale, une meilleure efficacité des dépenses publiques, ou des stratégies de croissance économique pour augmenter les recettes sans augmenter le taux d'imposition. Réduire ainsi un choix complexe à deux options simplistes est une manière de restreindre la pensée et de manipuler la discussion.

La logique trompeuse des choix binaires

Le faux dilemme, cet outil rhétorique qui consiste à réduire une problématique complexe à un choix binaire simpliste, est une arme redoutable dans les débats publics, notamment économiques. En présentant deux options opposées comme les seules possibles, il restreint le champ des possibles et empêche une analyse approfondie des enjeux. Cette simplification excessive, loin d'éclairer le débat, l'obscurcit en occultant la complexité inhérente à toute question économique. En effet, les systèmes économiques sont des organismes vivants (comme expliqué dans la première lettre), soumis à une multitude de facteurs interconnectés. Réduire ces systèmes à une opposition manichéenne nuit considérablement à la compréhension. Cette approche, certes séduisante par sa simplicité, est fondamentalement erronée. Elle ne rend pas compte de la diversité des situations, des spécificités historiques et culturelles, ni des interactions complexes entre les différents acteurs économiques. De plus, le faux dilemme a tendance à polariser les débats, en opposant des camps qui se retranchent derrière des positions figées. Cette polarisation nuit au dialogue et à la recherche de compromis, indispensables pour élaborer des politiques publiques efficaces. En présentant les choses en termes de *tout ou rien*, le faux dilemme empêche toute nuance et toute évolution.

Lors de la crise de la dette en Grèce, les débats publics et politiques se sont limités à un choix binaire : soit le pays devait accepter les mesures d'austérité sévères imposées par ses créanciers internationaux, soit il risquait la faillite. Ce faux dilemme omettait d'autres solutions envisageables, comme la révision des termes de la dette ou l'étalement de certains paiements. En confinant la décision entre deux choix extrêmes, on masquait des alternatives potentielles qui auraient pu soulager la population tout en préservant les finances publiques. Par ailleurs, on entend fréquemment que les pays africains doivent choisir entre stimuler leur développement industriel, avec ses effets inévitables sur l'environnement, ou préserver leur patrimoine écologique au détriment de la croissance. Or, ce dilemme est artificiel. Il existe des options pour développer une industrie durable, intégrer des technologies écologiques, et obtenir des financements pour des projets verts qui soutiennent à la fois la croissance et la protection de l'environnement. Ce faux dilemme ignore le potentiel de l'économie verte et des énergies renouvelables pour offrir un développement harmonieux. De plus, avec l'augmentation rapide de la population, plusieurs gouvernements africains présentent habituellement la question de l'urbanisation comme un choix entre l'extension des villes et la protection des terres agricoles. En réalité, il est possible d'adopter des politiques d'aménagement du territoire qui permettent une urbanisation plus dense, la préservation des terres agricoles par des techniques de culture plus efficaces, et même le développement de fermes urbaines pour un approvisionnement local. Ce faux dilemme masque la diversité des solutions en matière de planification urbaine durable. Dans de nombreux pays africains, les décideurs se trouvent confrontés à des choix entre investir dans la santé ou dans les infrastructures. Pourtant, une politique intégrée qui comprend des investissements en infrastructures de santé, comme des hôpitaux et des cliniques locales, pourrait répondre aux deux besoins en même temps. Une infrastructure de transport de qualité contribue également à un meilleur accès aux soins, démontrant que la santé et les infrastructures peuvent être complémentaires. Un dernier exemple. Pendant la Guerre froide, les pays du monde entier se voyaient souvent confrontés à un faux dilemme : embrasser le capitalisme et les valeurs de l'Occident ou adopter le modèle communiste de l'Union soviétique. Cette opposition binaire négligeait les possibilités d'un développement économique mixte ou d'un modèle plus flexible, adapté aux besoins locaux. Des pays comme la Suède ont montré qu'il était possible d'adopter un modèle économique hybride, combinant des éléments de l'économie de marché et un système de protection sociale étendu.

Démystifier le faux dilemme : l'importance de l'analyse nuancée

Pour contrer le faux dilemme, il est essentiel d'adopter une perspective qui considère toutes les options possibles. Il ne s'agit pas de se contenter d'une vision dualiste mais de se poser des questions pour identifier les autres choix potentiels. Une analyse plus complète peut révéler des solutions créatives et efficaces.

Comment répondre au faux dilemme ?

1. **Identifier les autres options possibles** : Dans le cadre d'un débat sur le financement d'un projet public, par exemple, explorer d'autres pistes telles que la diversification des sources de financement, la coopération internationale, ou des partenariats publics-privés.

2. **Analyser les coûts et les avantages de chaque option** : Lorsqu'un dilemme est présenté, évaluer les conséquences de chaque choix proposé et de ceux qui ne

sont pas mentionnés pour obtenir une vision plus complète.

3. **Encourager une approche innovante et inclusive** : Certaines solutions peuvent émerger d'une combinaison de choix ou d'initiatives qui transcendent l'opposition apparente.

Le faux dilemme est un piège intellectuel qui limite la réflexion. En refusant de se laisser enfermer dans une opposition binaire, les citoyens peuvent explorer des alternatives et identifier des solutions qui ne se révèlent qu'au prix d'une analyse nuancée. Le vrai progrès se trouve rarement dans le choix entre deux extrêmes, mais souvent dans une voie intermédiaire qui combine le meilleur des deux mondes. C'est en écartant les contraintes artificielles du faux dilemme que nous pouvons imaginer des politiques publiques plus créatives, inclusives, et adaptables aux défis complexes du monde moderne.

Sophisme de la pente glissante

La pente glissante, raisonnement redoutablement persuasif, se fonde sur une peur exagérée des conséquences d'une action initiale, en supposant qu'une mesure modeste mènera inévitablement à des résultats catastrophiques. C'est un argument de surenchère, une vision pessimiste de l'avenir dans laquelle chaque étape mène à une descente inéluctable. Dans le discours économique, ce sophisme prend une ampleur considérable, car les craintes d'effets irréversibles ou incontrôlables sont habituellement utilisées pour décourager le changement et maintenir le statu quo.

La mécanique de la pente glissante : comment le raisonnement fonctionne-t-il ?

La pente glissante, également appelée argument du « petit doigt dans l'engrenage », est une technique rhétorique qui consiste à présenter une série d'événements comme étant inéluctablement liés, à partir d'une première action. Cette première action, jugée anodine ou même positive, est présentée comme le point de départ d'une chaîne ininterrompue d'événements de plus en plus graves, jusqu'à aboutir à une situation catastrophique. C'est comme si l'on plaçait un objet sur une pente glissante : une fois la première poussée donnée, il serait impossible de l'arrêter avant qu'il n'atteigne le bas de la pente. Ce type de raisonnement est particulièrement efficace pour susciter la peur et l'inquiétude, car il présente une situation comme étant hors de contrôle. En exagérant les conséquences d'une action donnée, il vise à dissuader les individus d'adopter une certaine position ou de prendre une décision particulière.

Le raisonnement par la pente glissante repose sur plusieurs présupposés :

- **L'inévitable enchaînement des événements :** Il est souvent difficile de démontrer de manière rigoureuse qu'une première action entraînera nécessairement une série d'autres actions, et encore moins que ces actions entraîneront les conséquences redoutées.

- **L'absence de mécanismes de régulation :** Ce type de raisonnement sous-entend que les sociétés sont incapables de corriger le cours des événements, ce qui est une vision très pessimiste de la nature humaine et des institutions.

- **L'exagération des conséquences :** Les conséquences redoutées sont généralement présentées de manière catastrophiste, en exagérant leur ampleur et leur probabilité.

Au XIXe siècle, la Loi des pauvres en Angleterre a suscité de vifs débats. Les réformateurs cherchaient à améliorer les conditions de vie des plus démunis en leur offrant une assistance, mais de nombreux opposants voyaient dans cette initiative une pente glissante. Ils prédisaient que la Loi des pauvres découragerait le travail, conduirait à la dépendance généralisée et, finalement, à la ruine de l'économie anglaise. Cependant, ces craintes ne se sont pas réalisées. Bien que des ajustements aient été nécessaires, la Loi des pauvres a offert un soutien à ceux qui en avaient besoin sans déclencher les catastrophes annoncées. Cet exemple montre comment les craintes de dépendance ont été exagérées. La Loi des pauvres n'a pas causé l'effondrement social redouté, et elle a même constitué un filet de sécurité essentiel. En demandant des preuves empiriques et en examinant les effets réels, on voit que l'action initiale n'a pas conduit à la chaîne de conséquences imaginées.

Dans certains pays africains, l'idée d'un revenu de base universel a été suggérée pour réduire la pauvreté. Cependant, des critiques affirment que ce type de revenu mènerait les populations à la paresse, puis à une crise économique due au manque de productivité. Cette vision pessimiste s'appuie sur la pente glissante, supposant que donner un revenu de base à chacun engendrera nécessairement une dépendance généralisée. Or, des expériences pilotes menées dans d'autres pays montrent que les bénéficiaires utilisent ce revenu pour investir dans leur éducation ou entreprendre, sans pour autant abandonner le travail. En examinant les expériences internationales, on voit que l'introduction d'un revenu de base ne conduit pas automatiquement à l'oisiveté et à l'effondrement économique. Au contraire, elle peut stimuler l'activité économique en permettant aux citoyens d'investir dans des projets productifs.

Un autre exemple. Dans des pays comme l'Afrique du Sud, la question de la réforme foncière est un sujet brûlant. Les opposants aux réformes redoutent que des changements dans les droits de propriété mènent à une déstabilisation économique similaire à celle observée au Zimbabwe dans les années 2000. Le raisonnement suggère que toute redistribution des terres entraînera nécessairement des expropriations, puis une baisse de la production agricole, et enfin une crise économique et sociale. Comparer chaque réforme foncière potentielle au cas du Zimbabwe est une erreur, car cela ignore les particularités de chaque contexte. L'exemple sud-africain montre que des réformes graduelles et encadrées pourraient éviter les excès tout en répondant aux aspirations de justice sociale. Il est possible d'envisager des solutions qui respectent les droits de propriété tout en réalisant des redistributions équitables.

Dans plusieurs pays africains, la libéralisation des prix des produits agricoles a suscité de vives inquiétudes. Certains craignaient qu'en laissant les prix être fixés par le marché, les petits producteurs soient écrasés par les grandes exploitations et que la sécurité alimentaire soit compromise. Cette crainte relève de la pente glissante : elle suppose que la libéralisation mènera automatiquement à un monopole agricole et à la hausse des prix alimentaires pour les plus pauvres. Des études menées dans divers pays montrent que, bien que la libéralisation entraîne des changements, elle ne mène pas systématiquement à une déstabilisation. Dans certains cas, elle a même permis une plus grande diversité des acteurs dans le secteur agricole et une meilleure intégration des petits producteurs dans les chaînes de valeur. La libéralisation doit donc être considérée avec prudence, en tenant compte des structures économiques locales, plutôt qu'avec un rejet global basé sur des peurs de déclin irréversible.

Comment répondre à la pente glissante ?

Pour contrer le sophisme de la pente glissante, il est crucial de demander des preuves empiriques et d'analyser chaque étape supposée de la dégradation annoncée.

1. **Identifier les étapes hypothétiques** : Lorsqu'une pente glissante est avancée, identifier les étapes supposées et analyser chacune d'elles séparément. Par exemple, dans un débat sur le salaire minimum, interrogez les liens entre chaque étape annoncée – de la hausse du salaire au chômage généralisé.

2. **Chercher des exemples réels** : Comparer les situations similaires dans d'autres contextes. S'il est avancé qu'une réforme mènera à la catastrophe, chercher des exemples de réformes comparables dans d'autres pays ou régions pour voir si les conséquences redoutées se sont réellement produites. Par exemple, dans le débat sur la libéralisation des prix des produits agricoles, analyser les effets de cette mesure dans des pays ayant des conditions économiques similaires peut offrir un éclairage précieux.

3. **Mettre en lumière la complexité des interactions économiques** : Les

interactions économiques sont rarement linéaires. Une action spécifique ne conduit pas toujours directement à une série de conséquences inévitables. En soulignant la complexité des facteurs économiques en jeu, on démontre que l'effet d'une politique dépend de divers éléments, comme le contexte politique, la structure du marché et les réactions des acteurs économiques.

4. **Insister sur la prudence dans les prédictions catastrophiques** : La pente glissante repose sur une forme de prophétie pessimiste. En exigeant une analyse rigoureuse, basée sur des données et des preuves solides, il devient possible de calmer les craintes exagérées et de construire un raisonnement équilibré et mesuré.

Le sophisme de la pente glissante se révèle être une arme de rhétorique puissante, un outil qui joue sur les craintes de l'inconnu et du changement. En réponse à cette logique fallacieuse, l'analyse empirique et l'observation des cas réels constituent des remparts efficaces. Refuser de céder à la prophétie de la catastrophe, c'est faire preuve de maturité intellectuelle et accepter la complexité du monde. Il est important de noter que le raisonnement par la pente glissante n'est pas toujours fallacieux. Dans certains cas, il peut être utile pour alerter sur les risques d'une action donnée. Cependant, il convient d'être vigilant et de ne pas se laisser emporter par le *pathos*. Il est essentiel de soumettre ce type d'argumentation à un examen critique, en vérifiant les faits, en évaluant les probabilités et en considérant les alternatives.

Sophisme de la généralisation hâtive

L'esprit humain, prompt à juger, est généralement trompé par ce qu'il voit immédiatement sans se pencher sur ce qui se trouve au-delà. Il en est ainsi du sophisme de la généralisation hâtive. Ce sophisme consiste à tirer des conclusions globales d'un nombre limité de cas. Il flatte notre impatience en simplifiant la complexité du monde ; il rassure en offrant des réponses rapides et définitives là où les analyses approfondies s'imposent. Mais, comme souvent dans le monde moderne, ce qui semble vrai au premier regard s'effondre sous le poids d'un examen minutieux.

Ce sophisme est particulièrement dangereux dans le domaine économique où les variables sont innombrables et les conséquences souvent imprévisibles. Il est d'autant plus important pour nous de déceler et d'éviter la généralisation hâtive, car les erreurs qu'elle engendre peuvent nous faire manquer des opportunités de croissance et de développement, ou pire encore, mener à des décisions qui appauvrissent des nations entières.

Un exemple classique : l'échec d'un investissement étranger

Prenons le cas d'un investissement étranger dans un pays africain. Supposons qu'une entreprise internationale ait décidé de financer une grande infrastructure, comme une route ou un barrage, avec des résultats désastreux à la clé : défaillance technique, corruption, surcoûts astronomiques. De cet échec, nombreux sont ceux qui concluront que tous les investissements étrangers sont nuisibles. « Si ce projet a échoué, alors tous les autres échoueront également », pourraient-ils dire. Cette conclusion hâtive ignore les réussites de nombreux projets d'investissement dans des pays voisins ou même dans le même pays, mais dans des circonstances différentes. Ainsi, lorsque nous observons un échec, devons-nous conclure que l'idée même d'investissement étranger est à rejeter ? Évidemment non. La sagesse économique nous dicte de ne pas condamner une pratique entière sur la base d'un seul exemple. Au contraire, il faut examiner d'autres projets similaires, dans d'autres contextes, avec d'autres gestionnaires. Et si nous trouvons des réussites, il nous faut alors admettre que le problème ne réside pas dans la nature de l'investissement étranger, mais peut-être dans la manière dont il a été exécuté, les acteurs impliqués ou le contexte politique local.

Les racines historiques du sophisme

Ce phénomène n'est pas nouveau. L'histoire regorge d'exemples où des individus et des nations ont rejeté des innovations économiques en se basant sur des échecs isolés.

Prenons le cas des premières banques en Europe. À leurs débuts, certaines d'entre elles ont fait faillite en raison de pratiques imprudentes et d'une réglementation encore balbutiante. Nombreux étaient ceux qui s'en sont servis pour dénoncer la « perversité » du système bancaire. On estimait qu'aucune banque ne pouvait être fiable et qu'il était plus sage de conserver son argent chez soi, où il était « en sécurité ». Pourtant, des siècles plus tard, nous constatons que le développement bancaire a favorisé la croissance économique et la prospérité des nations en rendant l'épargne productive, en finançant des entreprises, et en facilitant les échanges internationaux. Cet exemple montre combien une généralisation hâtive aurait pu limiter gravement l'évolution économique de sociétés entières.

En Afrique, ce sophisme se manifeste fréquemment dans les débats sur le libre-échange, les aides au développement, et même les investissements en éducation. Par exemple, un programme d'aide internationale a pu mal tourner, peut-être en raison de détournements de fonds ou d'inefficacité administrative. En conséquence, certains soutiendront que l'aide au développement dans son ensemble est contre-productive, voire nuisible. Mais regardons au-delà de cet exemple isolé. Si nous examinons les pays qui ont efficacement utilisé l'aide au développement pour renforcer leurs infrastructures ou leur éducation, nous découvrirons des histoires de succès. Certains États, bien gérés et transparents, ont pu canaliser l'aide vers des projets durables qui ont transformé leurs économies. Ici encore, il est crucial de regarder l'ensemble des données avant de conclure. Prenons le cas de l'Éthiopie, qui a bénéficié de programmes d'aide ciblée pour moderniser ses infrastructures et son agriculture. Ce pays, malgré des défis politiques, a enregistré des taux de croissance impressionnants au cours des dernières décennies grâce, en partie, à l'assistance internationale bien gérée. De même, le Botswana a su transformer ses richesses naturelles en opportunités de croissance soutenue, démontrant qu'avec une gestion rigoureuse, les aides et les investissements étrangers peuvent être des leviers de développement.

Il est une généralisation hâtive répandue en économie qui repose sur l'idée que la substitution aux importations est toujours bénéfique pour les pays en développement. Dans les années 1960-1970, cette politique économique visait à développer des industries locales pour remplacer les produits importés par des biens fabriqués localement. Cependant, plusieurs tentatives de substitution aux importations en Afrique se sont soldées par des échecs retentissants, provoquant des crises économiques dans certains pays. Face à ces échecs, certains ont rapidement conclu que la substitution aux importations ne fonctionnait jamais, pour aucun pays. Pourtant, cette conclusion ignore que des politiques de substitution aux importations bien conçues et appliquées dans des contextes adaptés ont contribué au développement industriel de pays comme la Corée du Sud et le Brésil. Ces succès montrent que, loin d'être mauvaise en elle-même, la politique de substitution aux importations doit être adaptée aux capacités et aux ressources locales et qu'elle exige une préparation minutieuse, une gestion rigoureuse et une évaluation continue.

Comment répondre au sophisme de la généralisation hâtive ?

Face à la généralisation hâtive, il est impératif de revenir aux faits, à l'analyse méthodique et aux données. Comme disait Bastiat, il ne suffit pas de voir ce qui est immédiatement visible, mais de prendre en compte ce qui reste invisible à première vue. Lorsqu'un exemple d'échec nous est présenté, nous devons demander : cet exemple est-il représentatif de l'ensemble ? Quels autres cas peuvent être étudiés pour offrir une vision plus juste ? Avons-nous une vue d'ensemble des résultats dans des situations diverses ?

Ainsi, dans l'exemple de l'investissement étranger, il serait pertinent de demander des études comparatives : quelles sont les conditions de succès et d'échec de projets similaires dans des contextes similaires ? Cette démarche, bien qu'elle prenne du temps, nous protège de conclusions erronées qui pourraient compromettre l'avenir économique de nos pays. Elle nous permet de comprendre les véritables conditions qui favorisent ou freinent le succès des initiatives économiques.

Nous devons nous rappeler que chaque phénomène économique est enraciné dans un contexte particulier. Ce qui réussit dans un pays peut échouer dans un autre en raison de différences culturelles, institutionnelles ou géographiques. La généralisation hâtive nie cette complexité en nous poussant à accepter des conclusions simples et confortables. Mais cette attitude nuit à la recherche de solutions réelles et adaptables aux problèmes économiques.

Prenons, par exemple, l'engouement actuel pour l'entrepreneuriat dans le secteur technologique en Afrique. Alors que certains entrepreneurs technologiques prospèrent, d'autres échouent en raison de l'inadéquation des infrastructures, de la faible connectivité ou de l'insuffisance des compétences. Généraliser un échec technologique pourrait décourager l'innovation dans un secteur qui représente pourtant une opportunité énorme pour l'Afrique. La réponse à cet échec devrait plutôt être une analyse des conditions requises pour le succès dans le secteur technologique : infrastructures, accès au financement, formation adéquate, etc.

Le sophisme de la généralisation hâtive est dangereux non seulement parce qu'il nous induit en erreur, mais parce qu'il nous prive d'une compréhension profonde et nuancée des phénomènes. En tirant des conclusions générales d'exemples isolés, nous risquons de rejeter des idées et des pratiques qui pourraient nous être bénéfiques si elles étaient mises en œuvre de manière adaptée.

Sophisme de l'argument d'autorité

Dans la quête de vérité, le genre humain est attiré par la voix des autorités, ces figures respectées qui, par leur position, semblent détenir un savoir supérieur. Le sophisme de l'argument d'autorité exploite cette inclinaison naturelle en utilisant la renommée ou l'expertise d'une personne pour valider une idée ou une politique, indépendamment de sa véracité. Au lieu d'évaluer les faits, on invoque le prestige pour échapper à l'analyse rationnelle. L'économie, par sa complexité, semble justifier le recours aux experts pour guider les décisions.

Pourtant, comme le montre l'histoire, même les figures les plus éminentes peuvent se tromper. Un raisonnement solide doit s'appuyer non pas sur l'autorité de celui qui parle, mais sur des preuves tangibles et des analyses objectives.

Les rouages de l'argument d'autorité

Le sophisme de l'argument d'autorité consiste à accepter une affirmation comme vraie simplement parce qu'elle est soutenue par une figure d'autorité. Ce raisonnement est rassurant, car il simplifie la prise de décision : si un expert le dit, alors cela doit être vrai. Pourtant, cette approche présente un danger : elle ignore les données empiriques et empêche la remise en question des idées.

Exemple : la parole des économistes et la crise économique de 2008. Avant la crise financière de 2008, de nombreux économistes de renom et des institutions financières prestigieuses soutenaient que le système bancaire américain était stable et que le risque de défaillance était faible. Des voix critiques, qui mettaient en garde contre la bulle immobilière, ont été ignorées, car elles allaient à l'encontre de l'opinion majoritaire et de l'autorité de figures respectées. Le recours à l'autorité a masqué la réalité des risques et a contribué à la gravité de la crise lorsque les marchés se sont effondrés. Ce cas montre que la réputation d'une institution ou d'un expert ne remplace pas l'analyse objective. Même les experts peuvent succomber aux illusions de leur temps. Pour éviter cette erreur, il est essentiel de ne pas se reposer aveuglément sur les affirmations des autorités et de toujours examiner les données sous-jacentes.

Sur le continent africain, le recours à l'argument d'autorité se manifeste fréquemment dans les décisions économiques et politiques. Les gouvernements, en quête de crédibilité, citent régulièrement des experts ou des institutions internationales pour justifier leurs politiques, espérant que la légitimité de ces figures dissuadera toute contestation. Dans les années 1980 et 1990, de nombreux pays africains ont mis en œuvre des programmes d'ajustement structurel sous la recommandation du Fonds monétaire international (FMI) et de la Banque mondiale. Ces institutions, en tant qu'autorités financières, ont préconisé des réformes de libéralisation économique et de réduction des dépenses publiques. Cependant, bien que ces réformes aient été défendues par des économistes de renom, elles ont souvent entraîné des conséquences sociales et économiques sévères, conduisant à l'appauvrissement de nombreux ménages et à une dégradation des services publics. Au lieu de suivre aveuglément les recommandations des institutions internationales, il est essentiel de demander des preuves empiriques et de considérer les spécificités locales. Les résultats de certaines politiques d'ajustement structurel montrent que les solutions prônées par les experts internationaux ne sont pas universelles et doivent être adaptées aux réalités économiques locales.

L'argument d'autorité a façonné certaines des plus grandes erreurs économiques de l'histoire, souvent avec des conséquences dévastatrices. Dans les années 1920 et 1930, l'idéologie économique soviétique était largement influencée par les travaux de Karl Marx et de ses successeurs. Les dirigeants soviétiques, convaincus de la véracité des théories marxistes, ont imposé des politiques de collectivisation et de planification centralisée, malgré des preuves d'échecs répétés. En se basant sur l'autorité de Marx et de ses interprètes, ils ont refusé de réévaluer les politiques, même face aux famines et aux inefficacités qui en ont découlé. L'aveuglement des autorités soviétiques face aux échecs de la planification centralisée montre comment l'argument d'autorité peut empêcher la reconnaissance des faits et conduire à des conséquences dramatiques. L'idéologie et la foi dans les écrits d'une figure d'autorité ne devraient jamais primer sur l'observation de la réalité.

Au cours des dernières décennies, des experts internationaux ont recommandé des privatisations massives dans de nombreux secteurs en Afrique, en s'appuyant sur le postulat que la privatisation serait plus efficace que la gestion publique. Cependant, dans plusieurs cas, ces privatisations ont conduit à des monopoles privés, à des hausses de prix et à une dégradation des services. Les gouvernements, influencés par les autorités internationales, ont négligé d'évaluer l'impact réel de ces privatisations sur les consommateurs. La privatisation peut être bénéfique, mais elle n'est pas une panacée. Plutôt que de suivre aveuglément les experts, les décideurs auraient dû analyser chaque secteur pour s'assurer que la privatisation profiterait réellement au public. Ce cas illustre l'importance de ne pas accepter les avis des experts sans questionner leur validité en fonction du contexte.

Comment répondre à l'argument d'autorité ?

Pour éviter de se laisser piéger par le sophisme de l'argument d'autorité, il est nécessaire de cultiver une approche de pensée critique qui met l'accent sur l'analyse des preuves et non sur la réputation de l'orateur.

1. **Exiger des preuves empiriques** : Plutôt que de prendre les déclarations d'un expert pour argent comptant, demandez des données concrètes qui soutiennent l'argument avancé. Rien ne remplace une analyse basée sur des faits observables et vérifiables.

2. **Évaluer l'argument indépendamment de la personne** : Un raisonnement

logique reste valable indépendamment de la position de celui qui l'énonce. Il est essentiel de soumettre chaque affirmation à l'épreuve de la raison et de vérifier sa cohérence.

3. **Comparer les avis des différents experts** : Si une autorité exprime une opinion, il peut être utile de consulter d'autres experts ayant des perspectives différentes. La diversité des points de vue permet de voir la complexité des questions et de limiter les biais de l'argument d'autorité.

4. **Reconnaître la faillibilité humaine** : Les experts, même les plus qualifiés, peuvent se tromper. L'histoire est remplie d'erreurs commises par des figures éminentes. En gardant cela à l'esprit, on résiste à la tentation d'accepter leurs propos sans remise en question.

L'argument d'autorité, malgré son apparence de crédibilité, n'est qu'une illusion de certitude. Il nous détourne des faits et nous pousse à accepter des idées sans preuve. En économie, où les décisions politiques entraînent des conséquences concrètes sur la vie des individus, il est crucial de privilégier la raison et l'analyse empirique.

Sophisme de la corrélation et de la causalité

Il existe un sophisme particulièrement insidieux, car il repose sur une confusion subtile : **celle entre corrélation et causalité**. Ce sophisme consiste à interpréter une corrélation observée entre deux phénomènes comme une preuve d'une relation de cause à effet. Pourtant, une corrélation, même forte, n'implique pas nécessairement une causalité. Le citoyen avisé doit comprendre cette distinction et s'armer contre ce piège de la pensée, qui mène souvent à des politiques inefficaces et même nuisibles.

Pourquoi est-ce un sophisme ?

Il est essentiel de rappeler que deux événements qui se produisent en même temps ou qui évoluent dans le même sens ne sont pas nécessairement liés par une relation de cause à effet. La corrélation indique simplement qu'il existe une association statistique entre deux variables, sans pour autant révéler la nature de cette association. Pour que l'on puisse parler de causalité, il faut démontrer qu'un phénomène en est la cause directe et que son absence modifierait le résultat observé.

La corrélation entre la longueur des jupes et la prospérité économique

Prenons un exemple trivial mais révélateur : au début du XXe siècle, une curieuse corrélation a été observée entre la longueur des jupes des femmes et la croissance économique aux États-Unis. Pendant les années folles de 1920, les jupes étaient courtes et l'économie prospérait. Lors de la Grande Dépression des années 1930, les jupes sont devenues plus longues. Certains ont alors suggéré que la longueur des jupes pouvait être utilisée comme indicateur de la santé économique[1]. Mais, cette corrélation n'était

---

[1] C'est la fameuse théorie de l'ourlet ou "hemline theory", échafaudée en 1926 par George Taylor, professeur à l'université

évidemment qu'une coïncidence. Ce sophisme illustre bien l'erreur de confondre un lien statistique avec une relation de cause à effet. Les changements dans la mode étaient influencés par d'autres facteurs culturels et sociaux, tout comme la situation économique était déterminée par des politiques monétaires, des fluctuations de l'offre et de la demande, et des événements internationaux.

La croissance démographique et la pauvreté en Afrique

En Afrique, le débat sur la croissance démographique offre un exemple frappant de la confusion entre corrélation et causalité. On observe généralement que les pays ayant une forte croissance démographique connaissent également une pauvreté persistante. Certains en concluent que la croissance démographique est la cause directe de la pauvreté. Pourtant, cette analyse simpliste ignore les multiples facteurs qui influencent simultanément la pauvreté et la croissance démographique. Dans les pays africains, la pauvreté est souvent liée à un manque d'accès à l'éducation, à des infrastructures insuffisantes, et à des politiques

de Pennsylvanie.

économiques inadaptées. La croissance démographique peut être le symptôme d'un manque d'éducation et de soins de santé, particulièrement en matière de planning familial, mais elle n'est pas la cause première de la pauvreté. Au contraire, des pays comme le Nigeria et l'Éthiopie ont montré qu'avec des réformes économiques efficaces, une forte croissance démographique peut être un atout, stimulant la demande et alimentant le marché du travail.

La relation inversée : quand la causalité fonctionne dans l'autre sens

Un autre aspect crucial de ce sophisme est que la relation entre deux phénomènes peut être inversée par rapport à ce que l'on croit initialement. Imaginons un économiste observant une corrélation entre la consommation de biens de luxe et la croissance économique. Il pourrait conclure que c'est la consommation de biens de luxe qui stimule l'économie. Cependant, il est plus probable que l'inverse soit vrai : c'est la prospérité économique qui permet aux consommateurs d'acheter des biens de luxe. Cette confusion entre corrélation et causalité conduit souvent à des politiques qui visent à stimuler la consommation de produits coûteux dans l'espoir de relancer l'économie, une stratégie qui ignore le fait que la demande de biens de luxe est une conséquence et non une cause de la prospérité économique.

Le sophisme de la confusion entre corrélation et causalité est étroitement lié au sophisme du *post hoc ergo propter hoc*, une erreur de raisonnement qui consiste à croire que si un événement suit un autre, alors le premier doit être la cause du second. Cette logique fallacieuse est souvent utilisée dans les discours politiques et économiques. Un exemple pertinent de ce sophisme est la relation souvent perçue entre les aides étrangères et le développement économique. De nombreux observateurs notent qu'au fil des décennies, les pays africains qui reçoivent le plus d'aide internationale restent parmi les plus pauvres. Certains concluent que l'aide étrangère est inefficace, voire contre-productive. Cependant, cette corrélation ne prouve pas que l'aide est la cause de la pauvreté. En réalité, les pays qui reçoivent le plus d'aide sont souvent ceux qui en ont le plus besoin, en raison de leur faible niveau de développement initial, de conflits internes ou de catastrophes naturelles. Il est également possible que l'aide soit mal utilisée ou qu'elle crée une dépendance, mais cela ne signifie pas que l'aide en elle-même cause la pauvreté. Au contraire, des exemples comme le Botswana montrent qu'une aide internationale bien gérée peut être un levier puissant de développement. Le Botswana a utilisé les fonds internationaux pour investir dans l'éducation, les infrastructures et les réformes institutionnelles, ce qui a contribué à une croissance économique durable.

La nécessité d'une analyse rigoureuse

Pour éviter de tomber dans le piège de ce sophisme, le citoyen doit adopter une approche rigoureuse et empirique. Il est essentiel d'examiner attentivement les données, de comprendre le contexte et de rechercher des preuves solides de causalité avant de tirer des conclusions. Les économistes doivent être prudents dans l'utilisation des modèles statistiques, qui peuvent révéler des corrélations mais ne suffisent pas à prouver une causalité.

Apprendre à distinguer la corrélation de la causalité

La confusion entre corrélation et causalité est un sophisme puissant, qui peut conduire à des erreurs de jugement. Pour éviter ce piège, il est essentiel d'adopter une approche rigoureuse, fondée sur l'analyse empirique et la compréhension contextuelle. Les économistes doivent se méfier des apparences trompeuses et examiner les causes sous-jacentes des phénomènes qu'ils observent. Ce n'est qu'en reconnaissant et en évitant ce sophisme que le citoyen peut espérer atteindre une meilleure compréhension des mécanismes des phénomènes sociaux.

Lettre 3 : Le citoyen ne doit pas être un spectateur

Dans l'imaginaire collectif, la démocratie est généralement représentée par ses institutions : le Parlement, les urnes, la Constitution, les lois, etc. Nous voyons des bâtiments imposants, des débats animés, et des dirigeants qui se succèdent dans une chorégraphie bien orchestrée. Cependant, cette vision est incomplète, voire trompeuse. La démocratie est un édifice majestueux dont le fondement le plus essentiel est l'individu. **Le citoyen est la pierre angulaire de tout régime démocratique**. Il est tentant de croire que la démocratie fonctionne par la simple délégation de pouvoir aux élus, que le rôle du citoyen s'arrête une fois le bulletin de vote glissé dans l'urne. Cette illusion de délégation totale, cette passivité, est pourtant la plus grande menace pour l'idéal démocratique. Comme l'écrivait le philosophe et homme politique Thomas Jefferson, « Le prix de la liberté, c'est une vigilance éternelle. » La démocratie n'est pas une machine autonome ; elle est un organisme vivant, nourri par la participation et l'engagement constant de chaque individu. Lorsque les citoyens choisissent de rester spectateurs, ils laissent le champ libre à ceux qui voudraient utiliser le pouvoir à des fins personnelles ou despotiques. La démocratie, alors, se fane, perd sa vitalité, et devient la proie facile de la tyrannie.

Aristote disait que *l'homme est un animal politique*, signifiant par-là que l'être humain est naturellement destiné à participer à la vie de la Cité. Ce besoin d'engagement, loin d'être une contrainte, est en réalité la condition même de la liberté. La démocratie offre à chacun la possibilité d'être acteur de son propre destin, d'influencer, dans une certaine mesure, les décisions qui façonnent la société dans laquelle il vit. Mais, cette possibilité est aussi un devoir. **Un citoyen qui se détourne de la politique abdique sa souveraineté, renonce à son rôle de vigile et ouvre la porte à l'arbitraire.** L'idée que l'individu n'a pas d'importance dans une démocratie est une idée dangereuse. Chaque voix compte, non seulement dans l'acte du vote, mais aussi dans les discussions quotidiennes, dans l'engagement associatif, dans l'effort pour s'informer et comprendre les enjeux de la société. À travers ces actes, aussi modestes puissent-ils sembler, le citoyen active la mécanique de la démocratie. Il en devient la source vive, un rouage essentiel sans lequel l'ensemble de l'édifice perd son sens et sa légitimité.

La démocratie ne survit pas dans le confort de la passivité. Elle exige des citoyens actifs, vigilants et critiques. Il ne s'agit pas de crier dans la rue à chaque désaccord, mais de cultiver un esprit d'analyse et de questionnement permanent. Michel Foucault parlait du *souci de soi*, une vigilance intérieure qui consiste à se questionner, à s'informer, et à participer à la vie publique avec discernement. C'est ce souci de soi appliqué à la sphère publique qui permet à la démocratie de rester vivante et résiliente. Le philosophe Alain écrivait que « le pire fléau, c'est l'homme qui attend tout, qui n'ose rien. » Le citoyen passif, qui délègue totalement sa responsabilité aux politiciens, est la plus grande menace pour une société démocratique. Au contraire, lorsque les citoyens prennent conscience de leur rôle, lorsque chacun assume sa part de responsabilité, la démocratie devient forte, dynamique, capable de résister aux tentations autoritaires et aux dérives populistes. En paraphrasant Edmund Burke, le triomphe du mal ne nécessite que l'inaction des hommes de bien. Si l'individu reste un simple spectateur, la démocratie se fige et meurt. Parce qu'en fin de compte, **la démocratie, c'est vous.**

La démocratie : une œuvre collective et vivante

La démocratie, en tant que concept, a évolué au fil des siècles. Elle trouve ses racines dans la Grèce antique, où l'Agora — place publique d'Athènes — représentait l'essence même de la participation citoyenne. À cette époque, les citoyens athéniens prenaient activement part aux délibérations politiques, discutant et votant sur les affaires de la cité. Bien sûr, cette démocratie primitive était limitée, n'incluant pas les femmes, les esclaves ou les métèques (étrangers résidents). Néanmoins, elle illustre l'idée fondamentale selon laquelle la démocratie est un système dans lequel les individus doivent s'impliquer activement. L'idée de participation citoyenne n'est pas seulement une composante du système démocratique ; elle en est le moteur. La démocratie est donc vivante, évolutive, façonnée par les interactions constantes entre les citoyens et leurs dirigeants.

Un exemple frappant de l'importance de l'individu dans la démocratie est la Révolution américaine (1775-1783). Ce soulèvement n'était pas seulement une guerre contre une monarchie oppressive ; il était avant tout une affirmation des droits individuels face à l'arbitraire du pouvoir. Les colons américains, inspirés par les idées des Lumières et par des philosophes tels que John Locke, ont proclamé que chaque individu possède des droits inaliénables à la vie, à la liberté et à la poursuite du bonheur. Ils ont rejeté la domination britannique en grande partie parce qu'ils estimaient que leurs voix n'étaient pas entendues et que leurs intérêts étaient ignorés par un pouvoir lointain. La Déclaration d'indépendance des États-Unis, rédigée en grande partie par Thomas Jefferson, exprime cette idée de manière éloquente : « Les gouvernements sont institués parmi les hommes, tirant leurs justes pouvoirs du consentement des gouvernés. » Cela signifie que la légitimité d'un gouvernement démocratique repose sur l'approbation active et éclairée des individus qu'il représente. La Révolution américaine montre que lorsque les citoyens sont exclus du processus de décision, ils sont prêts à s'unir pour revendiquer leur place dans le système politique.

Dans toute démocratie, le citoyen est la cellule de base de l'organisme social. Il est à la fois le créateur et le bénéficiaire du système. Mais, pour que cette symbiose fonctionne, le citoyen ne peut être un simple spectateur ; il doit être un acteur conscient, participant activement à la vie publique. Hannah Arendt, dans *La Crise de la culture*, faisait remarquer que la politique commence dans l'espace public, et que c'est là que les individus doivent se manifester pour donner un sens à la liberté collective.

Le Mouvement des droits civiques aux États-Unis dans les années 1950 et 1960 est un exemple éloquent de citoyens qui refusent d'être spectateurs face à l'injustice. Des individus comme Rosa Parks qui a refusé de céder sa place dans un bus de Montgomery, et Martin Luther King Jr. qui a mené des marches pacifiques, ont démontré le pouvoir du citoyen actif. Leur engagement a fait évoluer les lois et a transformé la société américaine. Sans la participation courageuse et déterminée de ces individus, les droits fondamentaux des Afro-Américains auraient continué à être bafoués. Leur lutte a illustré une vérité fondamentale : la démocratie ne progresse que lorsque les citoyens prennent position contre l'injustice, utilisent leurs voix et exigent des changements. Comme l'écrivait Martin Luther King Jr. dans sa célèbre *Lettre de la prison de Birmingham*, « L'injustice, où qu'elle soit, est une menace pour la justice partout. » Cette phrase souligne la responsabilité de chaque individu dans la lutte pour une société juste et démocratique.

Dans une démocratie, les citoyens jouissent de droits fondamentaux qui garantissent leur liberté et leur capacité à participer aux affaires publiques. Ces droits incluent la liberté d'expression, le droit de vote, l'accès à l'information et le droit de manifester. Cependant, ces droits ne peuvent être exercés pleinement sans une prise de conscience des devoirs qui les accompagnent. Le droit de vote est l'un des droits les plus importants dans une démocratie. C'est un outil de participation directe, permettant aux citoyens de choisir leurs représentants et d'influencer les politiques publiques. Toutefois, le vote ne doit pas être un acte purement symbolique ou mécanique ; il doit être éclairé et réfléchi. Comme le soulignait le philosophe Jean-Jacques Rousseau dans *Du Contrat social*, « Le peuple soumis aux lois doit en être l'auteur ; c'est à ce prix qu'il est libre. » (Rousseau, 1762). Voter, c'est donc revendiquer son rôle d'auteur des lois, un acte qui requiert une connaissance des enjeux.

L'histoire du suffrage universel montre l'importance du droit de vote et les luttes qui ont été menées pour l'obtenir. En Grande-Bretagne, le Chartisme du XIXe siècle a été l'un des premiers mouvements de masse demandant le droit de vote pour tous les hommes, indépendamment de leur statut social ou de leur propriété. Les femmes ont également dû lutter pendant des décennies pour obtenir le droit de vote, comme l'illustrent les suffragettes britanniques menées par Emmeline Pankhurst.

Aux côtés des droits, chaque citoyen a des devoirs qui garantissent le bon fonctionnement du système démocratique. Ces devoirs incluent le respect des lois, la participation aux processus de délibération publique et la défense des valeurs démocratiques. Platon, dans *La République*, avertissait déjà que « le prix du désintérêt pour la politique est d'être gouverné par des hommes inférieurs. » (Platon, 370 av. JC). Cette phrase rappelle que l'inaction et l'apathie des citoyens peuvent mener à l'ascension de dirigeants peu scrupuleux ou incompétents. Un citoyen responsable doit s'informer et s'éduquer sur les questions publiques. Il ne peut déléguer cette tâche aux médias ou aux experts sans discernement. L'éducation civique, qui enseigne aux individus leurs droits et leurs responsabilités, est une composante cruciale de toute démocratie durable. **La citoyenneté est un engagement dynamique qui demande de la réflexion, de l'effort et du courage**. En exerçant leurs droits et en assumant leurs devoirs, les citoyens contribuent à bâtir une société plus juste et plus démocratique.

Le citoyen actif : un acteur incontournable de la démocratie

Le vote est considéré comme l'expression la plus directe de la participation citoyenne. Par le biais de ce simple acte, chaque individu exerce sa souveraineté et contribue à façonner l'orientation politique de la société. Le vote est donc l'instrument par lequel le citoyen devient co-auteur des lois qui régissent sa vie. Cependant, le vote ne doit pas être réduit à un simple rituel électoral. Il représente un moment privilégié où le citoyen exerce son pouvoir de décision. Voter, c'est faire un choix éclairé, fondé sur une compréhension des enjeux et une évaluation des candidats. Le vote est donc une obligation citoyenne. Le citoyen, en votant, honore les luttes historiques pour le suffrage universel. Prenons encore l'exemple du mouvement chartiste en Grande-Bretagne au XIXe siècle. Les chartistes étaient des ouvriers et des artisans qui, frustrés par leur exclusion du processus politique, ont formulé une pétition réclamant le suffrage universel masculin, le vote à bulletin secret et d'autres réformes démocratiques. Bien que leurs revendications aient été initialement rejetées, leurs efforts ont jeté les bases des réformes électorales qui ont suivi. De même, le mouvement des suffragettes au début du XXe siècle illustre l'importance de l'activisme pour l'extension du droit de vote. Des femmes comme Emmeline Pankhurst ont mené des campagnes audacieuses, souvent au péril de leur liberté et de leur vie, pour exiger l'égalité politique. Leur lutte acharnée a finalement conduit à l'octroi du droit de vote aux femmes en Grande-Bretagne (1918 pour les femmes de plus de 30 ans, étendu à toutes en 1928) et dans d'autres pays. Aux États-Unis, le mouvement des droits civiques, mené par des figures emblématiques telles que Martin Luther King Jr., a lutté contre les lois ségrégationnistes qui restreignaient le droit de vote des Afro-Américains. La Voting Rights Act de 1965 a marqué une étape décisive dans l'histoire de la démocratie américaine, en supprimant les barrières légales à la participation électorale des minorités. En France, le suffrage universel masculin n'a été instauré qu'en 1848, après la Révolution de février. Cependant, les femmes ont dû attendre 1944 pour obtenir le droit de vote. Cette victoire des suffragettes, menées par des militantes comme Olympe de Gouges au XVIIIe siècle et les figures du mouvement féministe du début du XXe siècle, montre que la participation électorale a été conquise par une mobilisation constante et déterminée des citoyens.

Ces exemples illustrent que le droit de vote, souvent considéré comme acquis, est en réalité le fruit de luttes acharnées. Il constitue la base de la citoyenneté active, mais ne peut se suffire à lui-même.

Malgré l'importance du vote, les taux d'abstention sont élevés dans de nombreuses démocraties contemporaines, notamment chez les jeunes. Cette situation est préoccupante, car elle témoigne d'un désengagement croissant des citoyens envers le processus politique. En France, par exemple, les élections législatives de 2022 ont été marquées par un taux d'abstention de près de 53 %, un record historique. Plusieurs raisons expliquent ce phénomène : la défiance envers les politiciens, la complexité des systèmes électoraux, et la polarisation politique qui décourage les électeurs. Lorsque les citoyens s'abstiennent de voter, ils renoncent à l'une des formes les plus directes de participation. Ce désengagement affaiblit la démocratie, car il laisse la décision entre les mains d'une minorité active. En outre, l'abstention favorise l'émergence de dirigeants populistes, qui exploitent le désintérêt politique pour imposer des agendas antidémocratiques.

Face à cette situation, plusieurs initiatives ont été mises en place pour encourager la participation électorale. En Estonie, le vote électronique a été introduit pour faciliter l'accès au vote, notamment pour les jeunes et les citoyens vivant à l'étranger. En Suisse, la tradition des référendums permet aux citoyens de s'exprimer directement sur des questions politiques, renforçant ainsi leur sentiment d'appartenance au processus décisionnel. En Australie, le vote est obligatoire, avec des amendes pour les abstentionnistes. Bien que controversée, cette mesure garantit un taux de participation élevé, généralement supérieur à 90 %. Ces initiatives montrent qu'il est possible de revitaliser l'intérêt pour le vote, à condition de créer un environnement favorable et de restaurer la confiance dans le système politique.

Si le vote est un aspect essentiel de la citoyenneté, il n'en représente qu'une dimension. En réalité, la démocratie ne fonctionne pleinement que lorsque les citoyens s'engagent activement entre les élections. L'engagement civique, qu'il prenne la forme de l'activisme, du bénévolat ou de l'adhésion à des associations, est crucial pour garantir que la voix du peuple continue de résonner dans l'espace public. Le philosophe américain John Dewey affirmait que « la démocratie commence dans les petites choses », soulignant que l'action civique quotidienne est aussi importante que la participation électorale. Cette notion d'engagement continu est particulièrement importante dans les contextes où le système politique est capturé par des élites qui ne représentent pas toujours les intérêts du peuple.

L'activisme et le militantisme ont souvent été des forces motrices du progrès social. Le mouvement des droits civiques aux États-Unis, déjà mentionné, est un exemple emblématique de citoyens qui ont refusé de rester passifs face à l'injustice. Par des marches pacifiques, des sit-ins et des campagnes de désobéissance civile, des millions d'Américains ont fait pression sur le gouvernement pour qu'il mette fin à la ségrégation raciale. En Afrique du Sud, la lutte contre l'apartheid a également démontré le pouvoir de l'engagement civique. Nelson Mandela, en tant que leader du Congrès national africain, a incarné la résistance face à l'oppression. Mais, il n'était pas seul : des milliers de Sud-Africains ordinaires ont participé à des boycotts, des grèves et des manifestations, souvent au péril de leur vie. Leur courage et leur persévérance ont conduit à l'abolition de l'apartheid en 1994, démontrant que la mobilisation citoyenne peut transformer profondément une société.

L'engagement civique ne se limite pas aux grandes luttes nationales ; il peut également se manifester à l'échelle locale, à travers des projets communautaires. En Europe, les budgets participatifs, mis en place dans plusieurs villes, permettent aux citoyens de décider directement de l'utilisation d'une partie du budget municipal. Ce type de participation renforce la transparence et la confiance envers les autorités locales, tout en incitant les citoyens à s'impliquer davantage dans les affaires publiques. En Afrique, des initiatives similaires ont émergé. Au Bénin, par exemple, des comités de développement villageois ont été créés pour permettre aux communautés locales de gérer des projets d'infrastructure, comme la construction d'écoles et de centres de santé. Ces initiatives montrent que l'engagement citoyen peut améliorer la gouvernance et contribuer au développement, même dans des contextes où les ressources sont limitées.

Par ailleurs, la surveillance citoyenne définit le citoyen actif. La démocratie repose sur un principe essentiel : la reddition de comptes. Les représentants élus doivent répondre de leurs actions devant le peuple, et les citoyens ont le droit, et même le devoir, de les surveiller et de les critiquer. Ce contrôle citoyen est une forme de participation active qui empêche les abus de pouvoir et renforce la transparence. Le philosophe et sociologue Jürgen Habermas parle de l'espace public comme d'un lieu où les citoyens peuvent débattre librement des questions politiques et contrôler les actions du gouvernement. Cet espace public, aujourd'hui amplifié par les médias et les réseaux sociaux, est essentiel pour la démocratie. Des exemples historiques montrent comment le contrôle citoyen a permis de dénoncer des abus de pouvoir. Le scandale du Watergate, aux États-Unis, a révélé comment des journalistes et des citoyens vigilants ont exposé les pratiques illégales du président Richard Nixon, menant à sa démission en 1974. De même, les révélations des Panama Papers en 2016 ont été le fruit d'une enquête collaborative menée par des journalistes d'investigation, avec le soutien d'organisations citoyennes. Dans le contexte contemporain, les lanceurs d'alerte jouent un rôle de plus en plus crucial dans la surveillance des abus de pouvoir. Edward Snowden, ancien employé de la National Security Agency (NSA, « Agence nationale de la sécurité »), a révélé en 2013 l'ampleur de la surveillance illégale menée par le gouvernement américain sur ses citoyens et sur le monde entier. En exposant ces pratiques, Snowden a non seulement provoqué un débat mondial sur la vie privée et la surveillance, mais il a également montré que même un individu isolé peut influencer profondément le cours de la politique.

Ces exemples montrent que la démocratie ne peut fonctionner sans une vigilance citoyenne constante. Les citoyens doivent rester informés, poser des questions et demander des comptes à leurs dirigeants. Le citoyen actif est l'acteur central de la démocratie, non pas parce qu'il détient un pouvoir formel, mais parce qu'il exerce une influence informelle, par sa vigilance, sa participation, et son engagement quotidien. La démocratie, comme l'écrivait Simone Weil, est la reconnaissance publique que chaque être humain est infiniment précieux. Pour honorer cette vision, chaque citoyen doit embrasser son rôle d'acteur, garantissant ainsi que la démocratie reste vivante, dynamique, et capable de répondre aux défis du présent et de l'avenir.

Les obstacles à l'engagement citoyen

Si l'engagement citoyen est crucial pour la démocratie, il n'est pourtant ni facile ni automatique. De nombreux obstacles, à la fois internes et externes, limitent la participation active des citoyens et affaiblissent le tissu démocratique. Certains de ces obstacles sont ancrés dans des dynamiques sociales et économiques, tandis que d'autres sont le résultat d'efforts délibérés pour décourager l'implication des individus dans la vie publique.

Le premier obstacle, c'est l'apathie politique.

L'apathie politique, définie comme une absence d'intérêt pour la politique et les affaires publiques, est l'un des obstacles les plus pernicieux à l'engagement citoyen. Cette indifférence se manifeste par une faible participation aux élections, un désintérêt pour les débats publics, et une méconnaissance des questions politiques. Bien que l'apathie politique puisse être perçue comme un choix individuel, elle est souvent le symptôme de problèmes plus profonds liés à la société et au système politique. L'apathie découle souvent d'un sentiment d'impuissance, d'une conviction que les actions individuelles n'ont pas d'impact significatif sur les décisions politiques. Ce phénomène est exacerbé par une perception de la corruption généralisée et par la croyance que les politiciens servent leurs propres intérêts plutôt que ceux du peuple. Hannah Arendt a souligné que « le plus grand ennemi de l'engagement politique n'est pas l'hostilité, mais l'indifférence » (Arendt, 1993), car elle laisse le champ libre aux dérives autoritaires.

Dans les années 1970, les démocraties occidentales ont commencé à observer une baisse constante de la participation électorale. Aux États-Unis, le taux de participation aux élections présidentielles est passé de 63 % en 1960 à environ 50 % dans les années 1990. Ce déclin s'explique en partie par le scandale du Watergate, qui a érodé la confiance dans le gouvernement, et par la guerre du Vietnam, qui a renforcé le sentiment que les dirigeants ne répondaient pas aux intérêts des citoyens. La montée de l'apathie est également visible dans les pays européens, où le désenchantement envers l'Union européenne et ses institutions a conduit à une faible participation aux élections européennes. En 2014, le taux de participation aux élections du Parlement européen était de seulement 42 %, un signe clair de la déconnexion entre les citoyens et les institutions politiques.

Pour combattre l'apathie politique, plusieurs initiatives ont été mises en place dans différentes parties du monde. En Suède, par exemple, l'éducation civique fait partie intégrante du programme scolaire, et les jeunes sont encouragés dès le plus jeune âge à s'intéresser à la politique et aux questions de société. De même, les campagnes de sensibilisation et les débats publics organisés par des organisations non gouvernementales (ONG) visent à reconnecter les citoyens avec la politique et à démontrer l'impact que chaque voix peut avoir.

Les inégalités économiques sont aussi un obstacle majeur à l'engagement citoyen.

Dans une société où une partie significative de la population lutte pour satisfaire ses besoins de base, la participation politique devient une priorité lointaine. Les individus qui vivent dans la pauvreté ont souvent moins de temps, moins de ressources, et moins d'accès à l'information, ce qui réduit leur capacité à s'engager activement dans la vie publique. Le politologue américain Robert Putnam, dans son ouvrage *Bowling Alone*, soutient que l'érosion du capital social — les réseaux de relations interpersonnelles et la confiance entre les individus — a contribué à la baisse de la participation politique. Putnam montre que les personnes ayant des revenus plus faibles et moins d'éducation sont moins susceptibles de participer à des activités communautaires et politiques, exacerbant ainsi le cycle de l'exclusion. La situation des minorités ethniques aux États-Unis illustre bien ce phénomène : confrontés à des inégalités systémiques, leur participation politique a traditionnellement été inférieure à celle des groupes plus aisés, bien que des progrès significatifs aient été réalisés depuis les droits civiques des années 1960.

L'exemple du mouvement ouvrier en Europe au XIXe siècle illustre comment les inégalités économiques peuvent entraver la participation politique. Dans les villes industrielles de Grande-Bretagne et d'Allemagne, les ouvriers vivaient dans des conditions de travail et de vie extrêmement difficiles, avec peu de droits et une absence totale de représentation politique. Les élites économiques et politiques de l'époque, conscientes du potentiel subversif d'une classe ouvrière organisée, ont souvent cherché à limiter leur participation par des lois restrictives et des répressions violentes. Malgré ces obstacles, les ouvriers ont réussi à s'organiser, créant des syndicats et des partis politiques pour revendiquer leurs droits. Leurs luttes ont conduit à des réformes progressives, telles que la journée de travail de huit heures et le suffrage universel, prouvant que l'engagement citoyen est possible même dans des contextes de grande adversité économique.

Aujourd'hui, les gouvernements et les organisations de la société civile travaillent pour atténuer les obstacles économiques à l'engagement citoyen. Des programmes d'éducation populaire, comme ceux de l'ONG World Literacy Foundation, cherchent à améliorer l'alphabétisation et l'éducation civique parmi les populations marginalisées, augmentant ainsi leur capacité à participer aux processus politiques.

Par ailleurs, la désinformation est devenue un obstacle majeur à l'engagement citoyen à l'ère du numérique.

Les fausses informations, souvent diffusées à grande échelle sur les réseaux sociaux, créent un climat de méfiance généralisée et sapent la confiance dans les institutions démocratiques. L'exposition répétée à des informations biaisées ou manipulées peut amener les citoyens à adopter des opinions extrêmes, à se désengager du débat public, ou à soutenir des mesures antidémocratiques. Platon, dans *La République*, avertissait déjà des dangers que représente l'ignorance pour la démocratie. Il soulignait que « la démocratie est vulnérable lorsque les citoyens manquent de discernement et de connaissance ». Aujourd'hui, cette ignorance est souvent amplifiée par l'écosystème numérique, où les algorithmes favorisent les contenus polarisants et sensationnalistes. Les fausses informations (ou "fake news") ont de multiples conséquences sur l'engagement citoyen. Elles contribuent à la confusion, alimentent la méfiance envers les institutions, et nuisent à la qualité du débat public. Par exemple, les campagnes de désinformation qui ont eu lieu pendant les élections présidentielles américaines de 2016 ont été un exemple frappant de la manière dont les fausses informations peuvent influencer les résultats électoraux et altérer la perception du processus démocratique.

L'utilisation des médias pour manipuler l'opinion publique a atteint son paroxysme sous le régime nazi en Allemagne. Joseph Goebbels, ministre de la Propagande du IIIe Reich, a utilisé les médias pour contrôler l'information et diffuser des idéologies racistes et autoritaires. Les discours et les campagnes de propagande ont été soigneusement orchestrés pour détruire la démocratie et semer la division au sein de la société allemande. Cela a contribué à la montée du national-socialisme et à la préparation des masses à accepter la guerre et les atrocités du régime.

Pour lutter contre la désinformation, il est essentiel d'améliorer l'éducation aux médias et de promouvoir un esprit critique parmi les citoyens. Des initiatives comme Media Literacy Now aux États-Unis et les programmes de l'UNESCO en Afrique visent à enseigner aux citoyens comment analyser les sources d'information et à distinguer les faits des opinions. Ces efforts sont cruciaux pour renforcer la résilience des démocraties face aux manipulations et pour encourager une participation éclairée.

Un autre obstacle important à l'engagement citoyen est la complexité des processus politiques et la bureaucratie excessive.

Lorsque les procédures pour participer à la prise de décision sont longues, compliquées et peu transparentes, les citoyens sont découragés de s'impliquer. Ce manque de transparence peut créer un sentiment de frustration et de cynisme, renforçant l'idée que "la politique est réservée aux politiciens". Dans de nombreux pays, le processus politique est perçu comme obscur et difficile à comprendre, ce qui décourage les citoyens de s'y investir. Le jargon politique, les manœuvres parlementaires, les systèmes électoraux complexes et les interminables procédures bureaucratiques rendent l'engagement civique ardu pour beaucoup de gens. Par conséquent, de nombreux citoyens se sentent impuissants face à un système qu'ils ne parviennent pas à appréhender.

La Révolution française de 1789 a été, en partie, une réponse à un système politique perçu comme inégal et corrompu. L'Ancien Régime, avec sa noblesse et son clergé privilégiés, avait mis en place une structure complexe et opaque, où les décisions étaient prises par une petite élite sans consulter le peuple. La révolution a éclaté précisément parce que les citoyens ordinaires, les paysans et les ouvriers, se sont sentis dépossédés de leur pouvoir politique. En effet, la Révolution a cherché à démocratiser un système qui avait marginalisé et exclu la majorité de la population des processus décisionnels. L'incapacité de nombreux citoyens à comprendre ou à influer sur les décisions politiques a constitué un terrain fertile pour le populisme et la révolte.

En Inde, la lourdeur bureaucratique a longtemps été un obstacle majeur à l'engagement citoyen. Cependant, des réformes récentes, comme la mise en place de la Loi sur le droit à l'information (*Right to Information Act*) en 2005, ont permis aux citoyens d'accéder plus facilement aux documents publics et d'exiger des comptes des autorités. Cette loi a conduit à une augmentation de la participation citoyenne et a permis de lutter contre la corruption dans le secteur public.

Il est essentiel de simplifier les procédures administratives et de rendre le processus décisionnel plus transparent et accessible. Les initiatives de gouvernement ouvert (*Open Government Partnership*) dans plusieurs pays cherchent à créer des plateformes où les citoyens peuvent suivre et influencer les décisions politiques, favorisant ainsi une participation plus large et plus inclusive.

En conclusion, les obstacles à l'engagement citoyen sont nombreux et variés, allant de l'apathie individuelle aux inégalités systémiques, en passant par la désinformation et la complexité institutionnelle. Cependant, l'histoire montre que ces barrières, bien que réelles, ne sont pas insurmontables. À travers l'éducation, la transparence, et des réformes ciblées, les sociétés peuvent encourager une participation citoyenne plus active et inclusive.

Construire une démocratie participative et résiliente

La démocratie repose sur la participation active de ses citoyens et leur engagement constant dans le processus politique. Cependant, le système démocratique traditionnel, fondé sur la représentation électorale, montre aujourd'hui des signes d'essoufflement, exacerbés par des taux d'abstention élevés, une désillusion croissante envers les institutions et la montée du populisme. Pour garantir sa pérennité, la démocratie doit évoluer, se réinventer et embrasser de nouvelles formes de participation citoyenne.

Dans les démocraties représentatives classiques, le citoyen participe principalement en votant pour ses représentants à intervalles réguliers. Ce modèle, bien qu'efficace pour organiser des États à grande échelle, présente des lacunes. L'éloignement entre les élus et leurs électeurs crée souvent une déconnexion, et les citoyens se sentent exclus des processus décisionnels qui influencent leur vie quotidienne. Comme le soulignait Jean-Jacques Rousseau dans *Du Contrat social*, « Le peuple anglais pense être libre ; il se trompe fort : il ne l'est que durant l'élection des membres du Parlement ; sitôt ceux-ci élus, il est esclave, il n'est rien. » Cette remarque met en évidence la nécessité de renforcer la participation directe des citoyens pour éviter qu'ils ne deviennent des spectateurs passifs.

Des initiatives de démocratie participative ont vu le jour dans de nombreuses régions du monde, offrant aux citoyens la possibilité de s'engager directement dans les décisions publiques. La démocratie participative repose sur l'idée que les citoyens devraient jouer un rôle direct dans la prise de décision politique et sociale, au-delà de l'élection de leurs représentants. Ce modèle vise à accroître l'engagement civique à tous les niveaux de gouvernance et à responsabiliser les citoyens. Il reconnaît que la participation active des citoyens contribue non seulement à des décisions plus légitimes et représentatives, mais renforce également la résilience de la société face aux crises en augmentant la confiance et la cohésion sociale. Un exemple marquant est celui de Porto Alegre, au Brésil, où un budget participatif a été mis en place dans les années 1980. Cette initiative a permis aux habitants de la ville de décider de l'allocation d'une partie du budget municipal, en votant sur les projets prioritaires pour leur quartier. Le budget participatif de Porto Alegre a non seulement amélioré la transparence et la responsabilité du gouvernement local, mais il a aussi encouragé une participation citoyenne plus active et renforcé la confiance dans les institutions. En France, des dispositifs similaires ont été adoptés, comme les conseils de quartier et les consultations publiques sur des projets d'urbanisme. Ces mécanismes permettent aux citoyens de s'exprimer sur des questions qui touchent directement leur vie quotidienne, créant ainsi un sentiment d'appartenance et d'implication dans les décisions politiques. Dans l'Athènes antique, la démocratie directe permettait aux citoyens (bien que limités aux hommes libres de la cité) de participer activement aux décisions importantes. L'Ecclésia, assemblée des citoyens, se réunissait régulièrement pour débattre et voter directement sur les lois et les politiques. Cette forme de démocratie directe, bien que non exempte de limitations, illustre le potentiel d'une participation large à la gouvernance, encourageant un engagement et une responsabilité accrus parmi les citoyens.

Il est un cas intéressant : celui du Référendum d'Initiative Citoyenne (RIC) en Suisse. La Suisse est souvent citée comme un modèle de démocratie directe, où les citoyens peuvent initier des référendums pour contester des lois votées par le Parlement ou proposer de nouvelles législations. Ce système, appelé Référendum d'Initiative Citoyenne (RIC), donne aux Suisses un pouvoir direct dans le processus législatif. Depuis son introduction, le RIC a été utilisé à plusieurs reprises pour influencer des décisions importantes, notamment en matière de politique sociale, d'environnement et de droits des minorités. Cette forme de démocratie directe montre que les citoyens, lorsqu'on leur donne les moyens de s'exprimer et d'agir, sont capables de prendre des décisions éclairées et responsables, même sur des sujets complexes. Le succès du RIC en Suisse prouve que la démocratie participative peut coexister avec la démocratie représentative et même renforcer la légitimité des décisions politiques. De plus, à l'ère numérique, les plateformes de délibération en ligne offrent de nouvelles opportunités pour la participation citoyenne. Des outils comme Pol.is et Consul permettent aux citoyens de débattre, de proposer et de prioriser des initiatives politiques à partir de leurs propres appareils connectés. Ces technologies peuvent élargir l'accès à la participation, en particulier pour les jeunes générations et les populations autrement marginalisées dans les processus politiques traditionnels.

Pour construire une démocratie participative et résiliente, l'éducation civique est un élément central. Un citoyen informé et éduqué est plus susceptible de participer activement et de manière constructive aux affaires publiques. L'éducation civique doit aller au-delà de l'apprentissage des institutions politiques ; elle doit inclure l'enseignement des valeurs démocratiques, du respect des droits humains, et des compétences nécessaires pour analyser et débattre des questions politiques. Dans de nombreux pays, l'éducation civique est insuffisante ou inexistante, ce qui laisse une grande partie de la population vulnérable aux manipulations politiques et à la désinformation. Les citoyens doivent être formés à développer un esprit critique, à vérifier les sources d'information et à comprendre les enjeux politiques complexes. Les pays nordiques, tels que la Suède, la Norvège et le Danemark, sont souvent cités comme des exemples de démocraties résilientes avec des citoyens engagés. Une des raisons de ce succès réside dans l'importance accordée à l'éducation civique dès le plus jeune âge. En Suède, par exemple, les élèves apprennent non seulement l'histoire et le fonctionnement des institutions politiques, mais ils sont aussi formés à la délibération et au débat, à l'analyse critique des médias et à la compréhension des processus de prise de décision. Cette éducation civique complète contribue à créer des citoyens actifs et informés, capables de s'engager de manière constructive dans la vie publique.

L'essor des technologies numériques a transformé la manière dont les citoyens interagissent avec le pouvoir politique. Les plateformes en ligne permettent aujourd'hui aux individus de participer à des consultations publiques, de signer des pétitions électroniques, et même de voter électroniquement lors des élections. Ces innovations offrent de nouvelles opportunités pour renforcer la démocratie participative, en rendant la participation plus accessible et en réduisant les barrières géographiques et logistiques. Un exemple emblématique est celui de l'Estonie, souvent qualifiée de "république numérique". Ce pays a introduit le vote électronique dès 2005, permettant à ses citoyens de voter en ligne lors des élections locales et nationales. Le système est sécurisé, transparent et a contribué à augmenter la participation électorale, en particulier chez les jeunes et les expatriés.

La démocratie participative ne se limite pas à la simple addition des voix individuelles ; elle repose sur la délibération collective, où les citoyens échangent des idées, discutent des enjeux et parviennent à un consensus éclairé. L'économiste et philosophe Amartya Sen a souligné que la délibération est essentielle à la justice sociale et à la démocratie, car elle permet aux citoyens d'entendre des perspectives différentes et de prendre des décisions plus équilibrées.

En Islande, après la crise financière de 2008, une assemblée citoyenne a été organisée pour rédiger une nouvelle Constitution. Des citoyens ordinaires ont été invités à participer à l'élaboration du texte, en utilisant les réseaux sociaux pour collecter des suggestions et des idées. Bien que la nouvelle Constitution n'ait pas été adoptée, ce processus a montré le potentiel des assemblées délibératives pour renforcer la légitimité des décisions politiques.

Somme toute, construire une démocratie participative et résiliente est un projet ambitieux mais essentiel pour répondre aux défis du XXIe siècle. Les mécanismes de participation directe, l'éducation civique, les technologies numériques et la délibération collective sont autant de leviers qui peuvent renforcer la démocratie en impliquant activement les citoyens. Les exemples contemporains montrent que lorsque les citoyens ont l'opportunité de s'engager et de s'exprimer, ils peuvent influencer positivement le cours des événements et garantir une gouvernance plus juste et plus transparente. La démocratie n'est pas une réalité figée ; elle est un processus dynamique qui doit s'adapter aux évolutions de la société et aux nouvelles aspirations des citoyens. Pour être résiliente, elle doit intégrer des mécanismes de participation qui permettent à tous les citoyens de se sentir entendus et impliqués. Ce n'est qu'en construisant une démocratie participative que nous pourrons garantir la pérennité de la démocratie représentative et son adaptabilité face aux défis futurs.

Lettre 4 : Construire un futur prospère et durable

Dans un monde en perpétuelle mutation, le genre humain se trouve confronté à une question essentielle : comment orienter ses efforts pour bâtir un avenir qui transcende les incertitudes du présent ? La réponse ne réside pas uniquement dans des solutions techniques ou économiques, mais dans la capacité à adopter une vision d'ensemble, un dessein collectif qui articule les aspirations individuelles et les défis communs. C'est cette vision qui donne du sens à l'action humaine et éclaire le chemin vers un futur prospère et durable.

Les défis contemporains, qu'ils soient économiques, sociaux ou environnementaux, tendent souvent à capter toute notre attention. Ceci n'est point une mauvaise chose. Mais, l'Homme ne peut se contenter de survivre ou de résoudre des problèmes immédiats. Il est appelé à se transcender, à dépasser sa condition actuelle pour construire un avenir meilleur. Or, cette transcendance ne peut s'opérer sans une vision claire et inspirante, capable de guider les choix individuels et collectifs. Regarder au-delà des problématiques actuelles implique d'adopter une perspective à long terme, une qualité rare dans un monde dominé par l'immédiateté.

N'oublions point que « La prévoyance est le principal attribut de la sagesse. » comme le soulignait Cicéron dans *De Officiis*. L'ignorer, c'est risquer de sombrer dans un court-termisme qui ne résout rien et, pire, compromet les chances des générations futures. Il s'agit donc d'apprendre à considérer l'avenir non pas comme une abstraction lointaine, mais comme une réalité concrète que nos actions présentes façonnent chaque jour.

Cette dernière lettre s'inscrit dans la continuité des questionnements abordés dans les lettres précédentes. D'abord, nous avons cherché à comprendre les mécanismes profonds qui régissent notre société, notamment les dynamiques économiques, qui ne sont pas de simples rouages techniques, mais des expressions de l'action humaine. Ludwig von Mises nous rappelle que l'économie est le théâtre des choix humains, façonné par les aspirations, les sacrifices et les espoirs de chaque individu (Mises, 1949). Ensuite, nous avons exploré les sophismes économiques qui, par leur simplisme séduisant, risquent de détourner notre jugement et de nous faire adopter des politiques contre-productives.

Déconstruire ces illusions, comme le ferait un Socrate moderne, est un préalable indispensable à toute vision éclairée. Enfin, nous avons affirmé la nécessité pour chaque citoyen de ne pas être un simple spectateur, mais un acteur engagé dans la transformation du monde. Cette prise de responsabilité est essentielle. Mais, agir sans vision, c'est courir le risque de l'éparpillement ou, pire, de l'incohérence.

Un avenir prospère et durable ne se décrète pas ; il se construit pas à pas, dans une démarche collective qui mobilise la responsabilité de chacun. Cela nécessite, pour reprendre les mots d'Emmanuel Levinas, que nous concevions notre rôle non pas seulement comme un "être pour soi", mais comme un "être pour autrui". Une vision d'avenir véritablement éclairée ne peut ignorer l'interdépendance qui unit les individus, les nations, et même les générations. Cela suppose également de dépasser la seule logique utilitariste qui domine souvent nos débats publics, où l'efficacité économique est érigée en valeur suprême. John Stuart Mill, dans *L'utilitarisme*, met en garde contre une conception trop étroite du bien-être : « La dignité humaine exige que nous cherchions un bonheur durable, et non pas une satisfaction passagère. » (Mill, 1863). Ainsi, il ne s'agit pas seulement de maximiser les gains matériels, mais de penser un projet de société qui réponde aux besoins matériels tout en nourrissant les aspirations spirituelles et culturelles des citoyens. La contribution des citoyens à cet avenir passe par plusieurs axes : une meilleure compréhension des enjeux globaux, une vigilance face aux décisions politiques et économiques, et un engagement dans des initiatives locales ou globales qui favorisent l'équité et la durabilité. La liberté de participer activement à la construction de l'avenir est à la fois une fin et un moyen du développement humain.

Cette lettre est donc une invitation à puiser dans les leçons du passé et à imaginer un avenir qui ne soit pas une simple extrapolation des tendances actuelles, mais une œuvre collective nourrie d'idéaux élevés. Construire un avenir prospère et durable revient à bâtir une société dans laquelle le progrès matériel s'allie à la quête de justice, et où la liberté individuelle s'équilibre avec la responsabilité envers autrui.

En somme, cette vision d'avenir ne peut être qu'humaine, trop humaine, pour reprendre l'expression de Nietzsche, car elle repose sur notre capacité à rêver, à réfléchir, à agir. C'est à cette tâche exaltante que cette lettre vous convie.

Les fondements d'un futur prospère

Un futur prospère ne se construit pas sur des sables mouvants, mais sur des fondations solides et universelles. Ces fondements, bien que variés, se regroupent autour de principes fondamentaux qui transcendent les époques et les civilisations : l'éthique, qui guide l'action collective et assure la cohérence sociale ; et l'éducation, levier essentiel pour transformer les individus et les sociétés. Ces deux piliers, en symbiose, éclairent le labyrinthe de l'histoire humaine, nous enseignant que la prospérité véritable ne peut s'épanouir sans valeurs partagées ni transmission des savoirs.

Le rôle des valeurs et de l'éthique dans l'économie

Depuis les balbutiements des civilisations, l'éthique a joué un rôle structurant dans la vie économique et sociale. Les tablettes sumériennes de l'ancienne Mésopotamie, souvent considérées comme les premières archives économiques, témoignent déjà de la nécessité de règles claires pour réguler les échanges et garantir la justice dans les transactions. La loi du talion, énoncée dans le Code d'Hammurabi, bien qu'austère dans sa forme, traduit une volonté d'équilibrer les relations humaines par des principes de réciprocité et d'équité. Plus près de nous, l'histoire médiévale européenne offre un exemple éclatant de l'importance de l'éthique dans l'économie. Les guildes marchandes, qui régissaient le commerce au Moyen Âge, fonctionnaient selon des codes d'honneur stricts. Elles imposaient des standards de qualité, protégeaient les apprentis, et s'assuraient que la prospérité des membres allait de pair avec le bien commun. Ces principes, bien que parfois contournés, posaient un cadre moral qui assurait la stabilité des échanges. Une leçon similaire se retrouve dans les civilisations islamiques du même âge, où les souks (marchés) étaient surveillés par des *muhtasibs* chargés de garantir la probité des commerçants et de prévenir les abus.

La prospérité économique repose sur la confiance, et cette dernière trouve ses racines dans l'éthique. Des études historiques montrent que les périodes de grande prospérité coïncident souvent avec des systèmes institutionnels stables et éthiques. Par exemple, dans son *Histoire du déclin et de la chute de l'Empire romain*, Edward Gibbon explique que la prospérité initiale de Rome reposait sur la solidité de ses lois et la discipline de ses citoyens (Gibbon, 1828). Lorsque ces valeurs s'érodèrent, la corruption et les déséquilibres s'installèrent, ouvrant la voie à un lent déclin. Cette dynamique est également visible dans le Japon de l'ère Meiji (1868-1912), où des réformes structurelles furent accompagnées d'un fort accent sur l'éthique de travail et la responsabilité collective. Inspiré par les valeurs confucéennes, l'État japonais promut une culture de transparence et d'honneur dans les affaires, permettant une industrialisation rapide et une intégration harmonieuse des nouvelles technologies.

Les romans, en tant que miroirs de la condition humaine, offrent des illustrations poignantes de l'importance des valeurs dans les structures sociales et économiques. Dans *Les Misérables* de Victor Hugo, l'histoire de Jean Valjean illustre la rédemption et la transformation personnelle grâce à une boussole morale. Valjean, un ancien bagnard, trouve sa prospérité spirituelle et matérielle en adoptant des valeurs de justice, d'honnêteté et de bienveillance. Ce récit rappelle que, même dans un environnement marqué par l'injustice, les valeurs individuelles peuvent servir de levier pour bâtir un avenir meilleur.

L'éducation comme levier de transformation

L'éducation n'est pas un luxe, mais une nécessité pour toute société aspirant à la prospérité. À travers les siècles, les sociétés qui ont investi dans l'éducation ont souvent connu des périodes de croissance et de transformation sociale. Dans la Grèce antique, les écoles philosophiques de Platon et d'Aristote ne se contentaient pas d'enseigner la logique ou la métaphysique ; elles formaient également les futurs dirigeants à penser les relations économiques et sociales. Aristote, dans *Éthique à Nicomaque*, explorait déjà les principes de justice distributive et commutative, offrant une réflexion sur l'équilibre entre les échanges et les besoins. Plus récemment, la Renaissance européenne, marquée par un retour aux sources éducatives classiques, a été un moment de floraison économique et culturelle. Les mécènes de cette époque, comme les Médicis à Florence, comprirent que la prospérité ne pouvait s'épanouir sans un socle intellectuel solide. Ils soutinrent non seulement les arts et les sciences, mais aussi les premières universités modernes, qui devinrent des creusets de savoir et d'innovation. L'histoire nous enseigne que l'éducation peut transformer non seulement des individus, mais des nations entières. Après la Seconde Guerre mondiale, les efforts du Japon pour reconstruire son système éducatif, avec un accent particulier sur les sciences et les technologies, jouèrent un rôle crucial dans son essor économique. Les écoles japonaises inculquaient non seulement des compétences techniques, mais aussi des valeurs de discipline et de coopération, préparant les citoyens à relever les défis d'un monde globalisé. De manière similaire, les États-Unis investirent massivement dans l'éducation scientifique pour rivaliser avec l'Union soviétique. Ce choix stratégique, motivé par le lancement de Spoutnik en 1957, conduisit à une explosion d'innovations qui profitèrent à l'ensemble de l'économie américaine.

L'éducation ne se limite pas aux écoles formelles. Les initiatives citoyennes ont souvent joué un rôle décisif dans la diffusion des savoirs économiques. Dans les villages africains, par exemple, les systèmes traditionnels de transmission orale permettaient de partager des connaissances sur la gestion des ressources, le commerce et la préservation des terres. Ces pratiques, bien que parfois éclipsées par les modèles modernes, témoignent d'une compréhension intuitive des dynamiques sociales. Un autre exemple contemporain est celui du microcrédit, popularisé par Muhammad Yunus et la Grameen Bank. Au-delà de l'aide financière, ces programmes incluent souvent une composante éducative, enseignant aux bénéficiaires les bases de la gestion financière et de la planification économique. Cela montre que même des interventions modestes, lorsqu'elles sont associées à l'éducation, peuvent déclencher des transformations durables.

La littérature regorge d'exemples où l'éducation joue un rôle transformateur. Dans *Jane Eyre* de Charlotte Brontë, l'héroïne, malgré son origine modeste, s'élève grâce à son éducation et à sa détermination, démontrant que le savoir est un puissant outil d'émancipation. Ce récit illustre que, même dans les circonstances les plus défavorables, l'accès à l'éducation peut ouvrir des portes insoupçonnées. De manière similaire, dans *Le Meilleur des mondes* d'Aldous Huxley, le contrôle de l'éducation par un État totalitaire montre en creux combien l'autonomie éducative est essentielle pour préserver la liberté et l'innovation. Ces exemples soulignent que l'éducation n'est pas seulement un levier économique, mais aussi un enjeu politique.

L'éthique et l'éducation, loin d'être des abstractions, sont des moteurs concrets de transformation. Les civilisations qui ont su marier ces deux éléments, comme l'Europe de la Renaissance ou le Japon de l'ère Meiji, ont montré que la prospérité durable repose sur des principes partagés et sur la transmission du savoir. À l'inverse, les périodes de déclin, telles que la chute de l'Empire romain ou les régressions technologiques du Moyen Âge, illustrent les dangers d'une érosion des valeurs ou d'un désinvestissement dans l'éducation. En revenant aux fondamentaux – une éthique forte et une éducation accessible à tous – il est possible d'imaginer un avenir où la prospérité ne sera pas seulement matérielle, mais également spirituelle et intellectuelle. La route est certes ardue, mais il faut imaginer Sisyphe heureux. L'effort pour bâtir un futur prospère, bien qu'incessant, est en lui-même porteur de sens et de dignité.

Le juste : un principe fondateur de la coexistence humaine

La justice est le fil conducteur de l'histoire humaine. Elle a toujours été invoquée pour apaiser les conflits, définir les normes de coexistence et orienter les relations sociales. Pour Aristote, la justice était une sorte d'équilibre dynamique, ajusté aux besoins et aux mérites de chacun. Une notion qui, bien qu'universelle, se décline dans une infinité de nuances, façonnée par les contextes culturels et historiques.

La justice comme base des relations sociales

La justice, selon Saint Thomas d'Aquin dans *Somme théologique*, est « la constante et perpétuelle volonté de rendre à chacun ce qui lui est dû. » (d'Aquin, 1274). Cette définition, reprise de Cicéron, souligne la dimension relationnelle de la justice : elle ne peut s'exercer qu'entre des êtres liés par des devoirs mutuels. Pour qu'une société prospère, ces relations doivent être régies par des principes d'équilibre et de proportionnalité. Dans l'Égypte antique, par exemple, le concept de Maât représentait l'ordre cosmique et social. Cette divinité personnifiait la vérité, la justice et l'harmonie, et ses principes guidaient les pharaons dans la gouvernance. Le respect de la Maât impliquait une redistribution équitable des récoltes et la protection des plus vulnérables. Les archives montrent que des fonctionnaires, comme les scribes, veillaient à ce que les paysans ne soient pas spoliés par des taxes excessives, incarnant ainsi une forme de justice distributive.

La justice, cependant, ne consiste pas à imposer une stricte égalité. Comme le rappelle le philosophe John Rawls, « les inégalités sociales et économiques doivent être arrangées de manière qu'elles soient à l'avantage des plus défavorisés. » (Rawls, 1971). Ce principe d'équité reconnaît que certaines inégalités peuvent être tolérées si elles profitent à l'ensemble de la société. L'histoire des Han en Chine (206 av. J.-C. – 220 ap. J.-C.) illustre cette idée. Sous le règne de l'empereur Wudi, des réformes agricoles furent introduites pour redistribuer les terres et soutenir les petits paysans, tout en maintenant un système hiérarchique qui valorisait les élites lettrées. Cette combinaison de redistribution et de méritocratie permit à l'empire de prospérer, en réduisant les tensions sociales sans compromettre son efficacité.

La justice n'est pas seulement une question de politique ou de philosophie ; c'est aussi une expérience personnelle. Dans *Le Comte de Monte-Cristo* d'Alexandre Dumas, Edmond

Dantès incarne une quête de justice personnelle contre l'injustice systémique. Ce roman illustre le fait que la justice, lorsqu'elle est pervertie par des intérêts particuliers, devient une source de désordre, tandis qu'un rétablissement du juste équilibre permet la rédemption et la paix.

Les défis contemporains de la justice

Les inégalités, qu'elles soient économiques, raciales ou de genre, constituent l'un des défis majeurs de notre époque. Des études montrent qu'au XIXe siècle, les 10 % les plus riches en Europe détenaient environ 80 % des richesses totales. Ces inégalités, exacerbées par la révolution industrielle, provoquèrent des révoltes ouvrières et des réformes sociales majeures, telles que l'introduction des lois sur le travail des enfants au Royaume-Uni. Dans les civilisations préindustrielles, les inégalités étaient souvent atténuées par des systèmes de solidarité communautaire. Par exemple, dans les sociétés africaines traditionnelles, le système de palabre permettait de résoudre les conflits et de redistribuer les ressources. Cette justice communautaire, basée sur le consensus, assurait une certaine cohésion sociale, même en l'absence d'un État centralisé. En 1215, les barons anglais, confrontés à l'arbitraire du roi Jean sans Terre, imposèrent la Magna Carta. Ce document fondateur limitait le pouvoir royal et garantissait certains droits fondamentaux aux citoyens. Bien qu'initialement destinée à l'élite, la Magna Carta est devenue un symbole universel de la lutte pour la justice et l'équité. En 701, la réforme du Taiho au Japon, sous l'influence du bouddhisme et du confucianisme, établit un code de lois visant à garantir la justice sociale. Ces réformes introduisirent un système de taxes équitable et renforcèrent les droits des paysans face aux abus des seigneurs locaux.

Les inégalités ne se limitent pas aux écarts économiques ; elles incluent également les injustices historiques. Aux États-Unis, par exemple, l'héritage de l'esclavage continue de façonner les disparités raciales. Les travaux de Thomas Piketty dans *Le Capital au XXIe siècle* révèlent que ces disparités, loin de diminuer, ont tendance à se perpétuer sans intervention active. Les programmes de discrimination positive, bien qu'imparfaits, visent à corriger ces injustices en créant des opportunités pour les groupes marginalisés. L'Allemagne d'après-guerre offre un exemple marquant de justice réparatrice. Les accords de Luxembourg de 1952, signés entre l'Allemagne de l'Ouest et Israël, prévoyaient des réparations financières pour les crimes commis contre le peuple juif pendant la Shoah. Ces compensations, bien que symboliques, ont permis de poser les bases d'une réconciliation historique. Un autre exemple est le processus de réconciliation en Afrique du Sud, où la Commission Vérité et Réconciliation, dirigée par Desmond Tutu, a cherché à guérir les blessures de l'apartheid. Plutôt que de se concentrer uniquement sur la punition, ce processus privilégiait la reconnaissance des torts et la réparation morale, incarnant une forme de justice restaurative.

Par ailleurs, la justice ne se limite pas aux relations humaines ; elle inclut également notre rapport à l'environnement. Le philosophe Hans Jonas, dans Le Principe responsabilité, souligne que notre devoir moral s'étend aux générations futures. Les statistiques révèlent que 10 % des pays les plus riches sont responsables de près de 50 % des émissions de gaz à effet de serre, ce qui pose un problème de justice globale. Comment concilier les droits au développement des pays pauvres avec la nécessité de préserver la planète ?

En définitive, la justice est un idéal intemporel qui, bien que jamais pleinement atteint, guide les sociétés vers un équilibre entre liberté, égalité et responsabilité. À travers les âges, les civilisations ont montré que le juste n'est pas une utopie, mais un principe organisateur qui donne du sens à la coexistence humaine. En paraphrasant Rawls, une société juste n'est pas celle où chacun obtient ce qu'il veut, mais celle où les institutions veillent à ce que les opportunités soient équitablement distribuées, et où les déséquilibres servent le bien commun. Cette quête, bien que semée d'obstacles, demeure essentielle pour bâtir un avenir harmonieux.

L'harmonie entre l'individu et le collectif

L'histoire de l'humanité est une fresque où se joue en permanence le drame de l'individu face au collectif. Cette dialectique, inhérente à la condition humaine, se retrouve dans toutes les sociétés, de la tribu primitive à la mégalopole moderne. L'individu, porteur d'aspirations uniques et d'une quête d'épanouissement personnel, se confronte au collectif, garant de l'ordre social et de la survie du groupe. Cette tension entre l'individu et la société est source à la fois de progrès et de conflits. Elle a nourri les grandes révolutions, de la Révolution française à celle des droits civiques, où les individus ont lutté pour affirmer leurs droits face au pouvoir établi. Elle a également été à l'origine de totalitarismes, où l'individu était subordonné aux intérêts du collectif au détriment de sa liberté.

Pour concilier ces deux pôles, il est nécessaire de trouver un équilibre délicat. Cela implique de reconnaître la valeur inaliénable de chaque individu tout en affirmant l'importance du lien social. Les sociétés démocratiques, en garantissant les droits fondamentaux tout en favorisant la participation citoyenne, offrent un modèle de cette conciliation. Cependant, les défis de notre époque, tels que la mondialisation, les inégalités et les crises environnementales, remettent en question cet équilibre. La montée des individualismes, exacerbée par les réseaux sociaux, peut fragiliser le lien social, tandis que la quête d'une identité collective peut conduire à des phénomènes de repli sur soi et d'exclusion. Il est donc urgent de repenser les relations entre l'individu et le collectif.

La liberté individuelle comme moteur

L'idée moderne de l'individu trouve ses racines dans le christianisme. Avant l'avènement de cette religion, les sociétés anciennes — de la Grèce antique à la Chine confucéenne — privilégiaient souvent le collectif, subordonnant l'individu à la cité ou à la famille. Cependant, le christianisme, en insistant sur le salut personnel et la valeur unique de chaque âme, introduisit une révolution conceptuelle. Saint Augustin, dans *Les Confessions*, exprime pour la première fois une introspection radicale : il explore son individualité en relation avec Dieu, posant ainsi les fondations d'une subjectivité moderne. Cette conception influencera profondément la pensée occidentale, conduisant à une réévaluation du rôle de l'individu dans la société.

Dans les sociétés africaines traditionnelles, bien que le collectif occupât une place centrale, des espaces d'autonomie individuelle existaient. Par exemple, parmi les Yorubas du Nigéria, les *oríkì* (éloges personnels) célèbrent l'identité et les réalisations de chaque individu, soulignant ainsi une reconnaissance de l'unicité dans un cadre communautaire. De manière similaire, les récits nordiques, tels que ceux des sagas islandaises, mettent en avant des héros qui, bien qu'inscrits dans un tissu social, affirment leur liberté face aux contraintes collectives. Ces récits traduisent un équilibre délicat entre l'appartenance et l'autonomie. Dans *Les Aventures de Huckleberry Finn* de Mark Twain, le jeune Huck incarne cette quête d'autonomie en s'éloignant des normes sociales de son époque. À travers son périple, il découvre une liberté personnelle qui s'oppose aux attentes de la société esclavagiste. De manière plus tragique, Antigone de Sophocle illustre une héroïne confrontée à un dilemme éthique : obéir aux lois de la cité ou suivre sa conscience individuelle. Ce conflit souligne les limites du collectif lorsqu'il écrase les aspirations légitimes de l'individu.

Les limites de l'individu face au bien commun

Si l'individu est le moteur de l'innovation et du changement, il ne peut s'épanouir qu'au sein d'un cadre collectif. Comme le rappelle Jean-Jacques Rousseau dans *Du Contrat social*, « chacun de nous met en commun sa personne et toute sa puissance sous la suprême direction de la volonté générale. » (Rousseau, 1762). Cette idée souligne que la liberté individuelle ne peut être absolue ; elle doit être exercée dans le respect des autres. Les sociétés asiatiques, notamment celles influencées par le confucianisme, ont souvent valorisé la primauté du groupe sur l'individu. En Chine impériale, la famille était considérée comme un microcosme de l'État, et chaque membre avait des devoirs précis envers le collectif. Ce système, bien qu'empreint de rigidité, assurait une cohésion sociale remarquable. Dans l'Empire inca (Empire de l'Amérique précolombienne), les concepts de *ayllu* (communauté) et de réciprocité structuraient la vie sociale. Chaque individu contribuait au bien collectif, que ce soit par le travail agricole ou par la participation à des projets communautaires. Ce modèle, fondé sur la solidarité, permit à l'empire de prospérer dans un environnement géographique hostile. De manière différente, les kibboutzim israéliens modernes offrent un exemple de communautés où le bien collectif prime. Fondés sur des idéaux socialistes, ces villages agricoles fonctionnent sur la base d'une mutualisation des ressources, tout en respectant les aspirations individuelles de leurs membres.

La philosophie de l'équilibre

La communauté politique est à la fois un cadre nécessaire à la réalisation personnelle et une structure qui doit respecter les particularités et les besoins des individus. Ainsi, la cité idéale n'écrase pas les libertés individuelles, mais les inscrit dans une dynamique de coopération harmonieuse. De manière similaire, l'économiste Amartya Sen, dans *Development as Freedom*, redéfinit le concept de développement en insistant sur la liberté individuelle comme pierre angulaire de tout progrès véritable. Selon lui, une société ne peut prospérer que si elle crée les conditions permettant à chaque individu de réaliser son potentiel. Loin de se limiter à des indicateurs économiques ou collectifs, le développement doit aussi s'apprécier à travers la capacité des individus à faire des choix autonomes.

L'histoire regorge de tentatives visant à instaurer un équilibre entre les intérêts individuels et collectifs. La République de Venise, au Moyen Âge, constitue un exemple fascinant. Sa prospérité reposait sur une interaction subtile entre ambitions personnelles et bien commun. Les marchands vénitiens, tout en poursuivant leurs objectifs individuels de richesse et d'influence, évoluaient dans un cadre institutionnel conçu pour préserver la stabilité et la prospérité de la cité. Ce cadre était soutenu par des mécanismes de gouvernance participative, tels que les capi di contrada (chefs de district), qui servaient de médiateurs entre les citoyens et l'État, garantissant une implication active dans les affaires publiques. Dans un contexte différent, mais tout aussi éclairant, la Charte du Mandé, proclamée au XIIIe siècle dans l'Empire du Mali, offre un modèle d'équilibre entre liberté individuelle et devoirs communautaires. Ce texte visionnaire, parfois considéré comme l'un des premiers codes des droits humains, interdisait l'esclavage, promouvait la solidarité et établissait des principes d'équité au sein de la société. Par ces dispositions, il affirmait que l'harmonie sociale repose sur la reconnaissance des droits individuels tout autant que sur l'acceptation des responsabilités collectives.

Les utopies littéraires, en tant que projections idéales de sociétés équilibrées, explorent souvent cette quête d'harmonie. Dans *L'Île* d'Aldous Huxley, la société fictive de Pala illustre un modèle où aspirations individuelles et besoins collectifs s'entrelacent harmonieusement. Chaque individu est libre de poursuivre son propre chemin, qu'il s'agisse de ses ambitions personnelles, de son épanouissement spirituel ou de ses aspirations intellectuelles. Cependant, cette liberté est encadrée par des institutions et des pratiques sociales qui valorisent la coopération, l'éducation et le respect mutuel. Cette vision incarne un idéal dans lequel la société ne se limite pas à tolérer les libertés individuelles, mais les soutient activement en les inscrivant dans un projet collectif.

Ces exemples, qu'ils soient historiques ou imaginaires, mettent en lumière une vérité universelle : **l'harmonie entre l'individu et le collectif n'est ni spontanée ni naturelle**. Elle exige une réflexion éthique, des institutions adaptées et une volonté collective de concilier des aspirations parfois divergentes. Dans un monde marqué par des défis tels que les inégalités, les crises environnementales et les tensions identitaires, cette quête reste une aspiration centrale. Les sociétés modernes peuvent puiser dans ces modèles et ces idées pour construire des cadres qui favorisent à la fois l'épanouissement personnel et la responsabilité collective. Ainsi, les leçons d'Aristote, d'Amartya Sen, de la République de Venise, de la Charte du Mandé ou encore des utopies littéraires comme *L'Île* nous rappellent que l'harmonie est possible, mais qu'elle doit être intentionnellement conçue et préservée.

L'harmonie entre l'individu et le collectif demeure un idéal insaisissable, mais néanmoins essentiel, un horizon qui guide les sociétés humaines depuis des siècles. Elle n'est jamais pleinement atteinte, mais son aspiration alimente les réflexions philosophiques, les initiatives sociales et les grands récits de l'humanité. Cet équilibre délicat repose sur des principes fondamentaux, mêlant reconnaissance de la dignité et de la valeur intrinsèque de chaque individu à une responsabilité partagée envers le bien commun. Emmanuel Levinas, philosophe de l'éthique, exprime cette tension avec une profondeur saisissante lorsqu'il affirme : « Le visage de l'autre m'oblige. » (Levinas, 2001). Cette obligation, loin d'être une contrainte extérieure, constitue un appel intérieur, une invitation à dépasser nos égoïsmes naturels pour nous ouvrir à l'altérité. Elle suggère que la véritable grandeur humaine réside dans notre capacité à conjuguer liberté personnelle et solidarité collective, sans les opposer mais en les renforçant mutuellement.

Dans cette quête d'harmonie, la liberté n'est pas un privilège égoïste, mais une condition nécessaire à l'épanouissement individuel, tandis que la solidarité n'est pas une imposition, mais un choix éclairé et volontaire pour bâtir une communauté juste et équilibrée. Ensemble, elles forment les deux pôles d'un projet de société où les aspirations individuelles trouvent leur sens dans une coopération harmonieuse avec les autres.

Le durable : une exigence humaine

La notion de durabilité dépasse les aspirations contemporaines liées aux crises environnementales. Elle incarne une sagesse intemporelle, profondément enracinée dans l'histoire humaine, qui réconcilie le court terme et le long terme. Si aujourd'hui elle s'impose face à l'urgence climatique, son essence puise dans des réflexions millénaires sur la préservation des ressources, l'équilibre des relations humaines avec leur environnement et l'éthique de la transmission. Loin d'être une contrainte, la durabilité représente un acte de lucidité : elle nous invite à reconnaître que les choix du présent façonnent irrémédiablement le futur.

L'éphémère face au long terme

La quête de résultats immédiats, bien qu'attrayante, est souvent source de désastres. L'histoire de la Mésopotamie antique en offre une illustration poignante. Ce berceau de la civilisation, prospère grâce à ses terres fertiles, succomba à une irrigation mal maîtrisée. L'accumulation de sels dans les sols réduisit leur productivité, entraînant l'effondrement des cités-États sumériennes. Cette tentation de l'éphémère, de sacrifier le futur au profit d'un présent immédiat, reste une constante des sociétés humaines. Les physiocrates du XVIIIe siècle, tels que François Quesnay, furent parmi les premiers à s'élever contre cette logique prédatrice. Dans leur vision, l'économie devait refléter l'ordre naturel. La terre, source première de richesse, nécessitait une gestion raisonnée pour garantir une prospérité durable. L'économiste français Jean-Marc Daniel, en analysant leur pensée, souligne combien leur critique des comportements à court terme demeure pertinente face aux enjeux actuels.

La question de la durabilité est intimement liée à notre perception du temps. Cicéron, dans *De Officiis*, déclarait : « Nous ne sommes que des locataires du temps, responsables de ce que nous transmettons. » (Cicéron, 44 av. J.-C). Cette idée de responsabilité intergénérationnelle est reprise par Emmanuel Kant, pour qui la moralité implique d'agir selon des maximes que l'on pourrait vouloir universelles. Appliquée à la durabilité, cette maxime exige de considérer l'impact de nos choix présents sur les générations futures. La littérature regorge d'exemples montrant les conséquences tragiques d'une vision à court terme. Dans *Les Raisins de la colère* de John Steinbeck, l'exploitation excessive des terres dans l'Oklahoma, combinée aux ravages de la Grande Dépression, force des milliers de fermiers à migrer, dévastant le tissu social. Ce roman illustre les ravages d'une gestion irresponsable des ressources et invite à réfléchir aux coûts humains et environnementaux du court-termisme.

Réconcilier l'humain et la nature

Les sociétés traditionnelles ont souvent démontré une compréhension intuitive de la durabilité. Les Amérindiens, par exemple, pratiquaient une agriculture fondée sur les "trois sœurs" : le maïs, les haricots et les courges. Cette association agricole respectait les cycles naturels et préservait la fertilité des sols. En Asie du Sud-Est, les systèmes d'irrigation *subak* à Bali combinent pratiques agricoles et spiritualité, reliant harmonieusement production et préservation. Ces exemples montrent que durabilité et prospérité peuvent coexister.

Les physiocrates voyaient dans la terre la source ultime de richesse, mais insistaient sur le fait que sa productivité dépendait d'une gestion éclairée. François Quesnay, avec son *Tableau économique*, développait l'idée que tout prélèvement sur la nature devait être compensé par une régénération équivalente. Jean-Marc Daniel souligne que cette pensée, bien que marginalisée par l'industrialisation, retrouve une pertinence cruciale à l'heure des crises écologiques. Elle rappelle que l'économie, loin d'être un système autonome, est intégrée dans des écosystèmes aux limites physiques inéluctables.

Certaines politiques actuelles redécouvrent cette sagesse. En Chine, le projet de la Grande Muraille verte vise à contenir l'expansion du désert de Gobi tout en améliorant les conditions de vie des communautés locales. De même, le Costa Rica, produisant 99 % de son électricité à partir de sources renouvelables, montre qu'une croissance respectueuse de l'environnement est possible. Dans *Walden*, Henry David Thoreau explore cette harmonie entre l'humain et la nature. Son récit, inspirant les mouvements écologistes, célèbre une simplicité volontaire où le respect des cycles naturels devient un art de vivre.

La durabilité, loin d'être une mode récente, est une sagesse inscrite dans l'histoire humaine. Elle nous enseigne que la prospérité véritable repose sur un équilibre entre le court et le long terme, entre l'humain et la nature. Face aux défis du présent, cette sagesse nous invite à ralentir, à réfléchir et à agir avec discernement.

Bibliographie

Arendt, H. (1993). *Qu'est-ce que la politique ?* . Seuil.

Bastiat, F. (2005). *Sophismes économiques.* Les Belles Lettres.

Bylund, P. (2022). *How to Think about the Economy : A Primer.* Ludwig von Mises Institute.

Cicéron. (44 av. J.-C). *De Officiis.*

d'Aquin, T. (1274). *Somme théologique.*

Gibbon, E. (1828). *Histoire du déclin et de la chute de l'empire romain.* Paris: Ledentu.

Hayek, F. (1945). The Use of Knowledge in Society. *American Economic Review.*

Hazlitt, H. (1988). *Economics in One Lesson: The Shortest and Surest Way to Understand Basic Economics.* Crown Currency.

Kirzner, I. (2018). *The Essence of Entrepreneurship and the Nature and Significance of Market Process.* Liberty Fund Inc.

Levinas, E. (2001). *Le visage de l'autre.* Seuil Jeunesse.

Mill, J. S. (1863). *L'utilitarisme.*

Mises, L. v. (1949). *Human Action: A Treatise on Economics.* Yale University Press.

Montesquieu. (1721). *Lettres persanes*. Jacques Desbordes.

Montesquieu. (1748). *De l'esprit des lois*. Barrillot & fils.

Platon. (370 av. JC). *La République*.

Rawls, J. (1971). *A Theory of Justice*. Belknap Press.

Ricardo, D. (1817). *Principes de l'économie politique et de l'impôt*.

Rousseau, J.-J. (1762). *Du contrat social*. Amsterdam.

Smith, A. (1776). *Recherches sur la nature et les causes de la richesse des nations*.

Table des matières

INTRODUCTION ix

Lettre 1 : Comprendre l'économie 19

L'action humaine : le fondement de toute économie
....21

Les échanges volontaires : la danse de la coopération
humaine 32

Les effets multiplicateurs des échanges volontaires..46

Les prix : le langage de l'économie 51

L'entrepreneuriat : le moteur de la croissance 58

L'épargne et l'investissement : les graines de la
croissance économique..62

La concurrence : le gardien de l'efficacité..................67

La monnaie et l'inflation 73

Le rôle de l'État dans une économie : un sujet de
débat permanent..79

Lettre 2 : Les sophismes courants 87

Sophisme de la fausse cause (*Post Hoc Ergo Propter
Hoc*) 89

Sophisme du faux dilemme 98

Sophisme de la pente glissante......................................105

Sophisme de la généralisation hâtive...........................114

Sophisme de l'argument d'autorité...............................121

Sophisme de la corrélation et de la causalité...........128

Lettre 3 : Le citoyen ne doit pas être un spectateur 135

La démocratie : une œuvre collective et vivante 140

Le citoyen actif : un acteur incontournable de la démocratie 145

Les obstacles à l'engagement citoyen 154

Construire une démocratie participative et résiliente 164

Lettre 4 : Construire un futur prospère et durable 173

Les fondements d'un futur prospère 179

Le juste : un principe fondateur de la coexistence humaine 186

L'harmonie entre l'individu et le collectif.................192

Le durable : une exigence humaine 201

Bibliographie 207

À PROPOS DE L'AUTEUR

Sophonie Jed KOBOUDE est cadre chez un leader mondial de l'énergie. Il est diplômé de l'école CentraleSupélec et du Conservatoire des Arts et Métiers de Paris. Il est auteur de plusieurs ouvrages. Il enseigne les sciences économiques au Centre de Valorisation Professionnelle de Tunis. Il est membre du conseil d'administration du cabinet InterGlobe Conseils. Il tient un blog personnel : https://jsk-opinions.com.